宋史原来超好看

NP

中国历史超好看

宋史
原来超好看

袁恒毅◎主编　朱弘声◎编著

中国华侨出版社
北京

图书在版编目（CIP）数据

宋史原来超好看 / 朱弘声编著. —北京：中国华侨出版社，2020.7（2021.9重印）

（中国历史超好看 / 袁恒毅主编；6）

ISBN 978-7-5113-8219-1

Ⅰ.①宋… Ⅱ.①朱… Ⅲ.①中国历史—宋代—通俗读物 Ⅳ.①K244.09

中国版本图书馆CIP数据核字（2020）第100280号

宋史原来超好看

主　　编：	袁恒毅
编　　著：	朱弘声
责任编辑：	黄　威
封面设计：	阳春白雪
文字编辑：	张亚明
美术编辑：	宇　枫
经　　销：	新华书店
开　　本：	645毫米×920毫米　1/16　印张：10　字数：105千字
印　　刷：	唐山楠萍印务有限公司
版　　次：	2020年7月第1版　2021年9月第3次印刷
书　　号：	ISBN 978-7-5113-8219-1
定　　价：	228.00元（全8册）

中国华侨出版社　北京市朝阳区西坝河东里77号楼底商5号　邮编：100028

发 行 部：（010）88866779　　　　　　传　真：（010）88877396

如发现印装质量问题，影响阅读，请与印刷厂联系调换。

前言

历史是一面鉴古知今的镜子，也是提供知识给养的文化食粮。尤其是对广大青少年而言，读史不仅是积累知识的有效方法，也是提升语文写作能力的重要途径，更是积淀良好文化素养的成功之道。作为优秀的历史读物，《中国历史超好看》将为青少年开启新的阅读视野……宋朝，是我们此时阅读之旅的第六站。

宋朝是中国历史上最为辉煌的朝代之一，它经济富庶，文化繁荣，科技进步，在中国历史上占有辉煌的地位，然而在军事上频频败于比它落后得多的异族政权。

昔日的繁华，早已成为深埋于地下的废墟；从前的风华，也化为过眼烟云，但我们无法否认那个灿烂时代的不朽与荣光。

宋朝有垂范千古的名臣。杨业、寇准、狄青、范仲淹、欧阳修、司马光、韩世忠、岳飞、辛弃疾、陆秀夫、文天祥等，这些忠臣义士，求仁得仁，求义得义，不以成败利害动其心，不以生死贫富移其志，才节两全。功虽有不成，名却彪炳千秋！

宋朝有稳定开明的政治。宣称"与士大夫共治天下"的赵匡胤"杯酒释兵权"，巧妙地分散了宰相和大臣的权力，使其前和其后各个王朝屡见不鲜的女祸、宦祸、外戚之祸、藩镇之祸、权臣篡逆之祸、流贼覆国之祸，在宋代基本杜绝。而后，又建立了完善的科举考试、官员铨选以及监察制度，成为中国封建社会政治体制最开明的时代。

宋朝有造极于时的经济。宋代的多种经济模式均在世界上开一代风气之先。特别是城市的发展，"屋宇雄壮""骇人闻见"；经济活动"每一交易，动辄千万"；瓦舍、勾栏，熙熙攘攘，娱乐、休闲通宵达旦，市民生活水平在当时世界首屈一指。

宋朝有冠绝一代之文学。宋词一洗晚唐浮艳之风，或豪放，或婉约，大放异彩。其中以欧阳修、苏轼、李清照、辛弃疾为代表；宋诗也不可小觑，使得中华文化的精髓每每跃然纸上，尤以陆游、范成大、杨万里、刘克庄执其牛耳，悲沉激荡，脍炙人口。

全书将两宋320年的历史分为"终结乱世，以文驭武治国""偏安南隅，中兴无力崖海沉沦"两卷，从唐末五代群雄并起争夺天下开始，直至蒙元兴起、南宋灭亡，完美呈现了两宋辉煌而曲折的历史进程。

本书以正史为蓝本，注重还原真实历史，为青少年梳理构建完整的历史脉络和框架。全书语言通俗易懂、生动有趣，故事精彩纷呈、博人眼球，让青少年花最少的时间轻松读历史，从而培养他们对历史的浓厚兴趣。通过精彩的人物事迹和历史故事，也能提升青少年的历史知识，开阔他们的视野，奠定他们受用一生的历史文化基石。

此刻，让我们一同走进宋朝的过往，一起去透过历史迷雾，还原历史真相吧！

目 录

北宋卷·终结乱世，以文驭武治国

第一章　五代更替，乱世英雄迭起……………………2
初出茅庐 ………………………………………………… 2
郭氏军中立威 …………………………………………… 4
以周代汉 ………………………………………………… 7

第二章　陈桥兵变，坐拥江山……………………………10
义子承父业 ……………………………………………… 10
陈桥兵变，黄袍加身 …………………………………… 13

第三章　艰辛的开国之路…………………………………17
我的死敌就是你 ………………………………………… 17
杯酒释兵权 ……………………………………………… 20
金陵被围 ………………………………………………… 24
三征北汉，未竟的事业 ………………………………… 27

第四章　内忧外患…………………………………………30
攘外必先安内 …………………………………………… 30

宋辽边界战火纷纷 ·············· 33
真宗即位 ·············· 36
澶渊之盟 ·············· 39

第五章　宋夏交锋，逐鹿疆土 ·············· 43

党项吐蕃之战 ·············· 43
朝堂之争 ·············· 46
荣耀三川口 ·············· 49
李元昊自食恶果 ·············· 53

第六章　整改国制兴变法 ·············· 57

"身心俱病"的宋英宗 ·············· 57
宋神宗的理想 ·············· 60
拉开新法的帷幕 ·············· 63
拨开"青苗法"的疑云 ·············· 66

第七章　荒唐天子 ·············· 69

徽宗登基 ·············· 69
宋徽宗任用奸臣 ·············· 72

第八章　靖康之难，北宋覆灭 ·············· 74

宋金灭辽 ·············· 74
开封围城战 ·············· 77
靖康之难，奇耻大辱 ·············· 80

南宋卷·偏安南隅，中兴无力崖海沉沦

第一章　泥马渡康王，卷土重来 ················ 84
　死里逃生的赵构 ···································· 84
　泥马渡康王 ··· 87
　赵构即位，大势所趋 ······························ 91

第二章　偏安南隅避金国 ························ 93
　夕罢免，良相成平民 ······························ 93
　"过河"而亡论 ···································· 96

第三章　秦岳奸忠的角力 ······················· 100
　乡兵小卒 ·· 100
　一代名将 ·· 103
　精忠岳飞 ·· 106
　两面奸臣秦桧 ···································· 110

第四章　议和以保安逸 ························· 114
　君臣二人收兵权 ································· 114
　一代名将含冤而死 ······························ 117
　丧权的"绍兴和议" ···························· 121

第五章　权臣当道，力挽狂澜不及 ············ 124
　多情老父无情子 ································· 124
　赵汝愚力挽狂澜 ································· 127

第六章　赵家天下渐进日暮·············130

奸臣当道 ·············130
宋蒙联手，金朝灭亡 ·············133
贪心不足，惹火上身 ·············137
襄阳樊城一决雌雄 ·············140

第七章　风雨宋王朝走向了末路·············144

元世祖改制 ·············144
南宋流亡小朝廷 ·············147

北宋卷

终结乱世,以文驭武治国

第一章

五代更替，乱世英雄迭起

初出茅庐

开封城内，朝阳刚刚升起，一个土坯巷子内，一个 20 岁左右的年轻人在家人的目送下，恋恋不舍地离开故乡，外出谋生去了。此人正是赵匡胤——未来的大宋开国皇帝。

赵匡胤的父亲赵弘殷曾是唐朝的底层官员，俸禄微薄，勉强可以维持生活。从五代伊始，他处事便战战兢兢、小心翼翼，如履薄冰，在乱世中他学得了一套独特的生存法则，所以不管朝代怎样更替，他总能够在各朝各代谋得一官半职，尽管不上不下，但总可以养家糊口。然而，随着家中人口的增加和孩子的不断成长，战乱日益频繁，生产力大幅下降，赵家的生活越来越不如从前。

赵匡胤作为家里的长子，当时已经 21 岁，且已经娶妻生子，更应该独立谋生。尽管赵匡胤不情愿离开父母和妻子，但是现实的窘况不容忽视。

俗语说，在家靠父母，在外靠朋友。赵匡胤第一次出门没有任何人生阅历，人脉关系上只能依靠父亲。赵匡胤南下到了随州，这里的刺史董宗本是赵弘殷的多年好友，于是，赵匡胤便来这里投奔他。赵匡胤非常顺利地在这里谋得一份差事，尽管没有什么大权，但是能够填饱肚子，偶尔给家里一些贴补。

赵匡胤豪迈不拘小节的性格使得他很快就跟周围的人打成了一

片，领导才能逐渐显露。他更在闲暇时间大练拳脚，自创了一套拳法，一时间，这套拳法传习开来，成为当时的流行时尚。这套拳法就是宋朝的太祖长拳，后来更是成为武术界六大名拳之一。

在随州，赵匡胤的大名不胫而走。有个人开始对赵匡胤看不顺眼，此人就是刺史董宗本的儿子董尊海。董尊海养尊处优，走到哪里都出尽风头，但赵匡胤来了之后，他感到自己遭到了人们的忽视。所以董尊海开始在父亲董宗本那里说赵匡胤坏话。毕竟血浓于水，纵使是儿子董尊海的不是，董宗本也就睁一只眼闭一只眼，给了赵匡胤一些盘缠，打发他离开。

赵匡胤因为太优秀抢了旁人的风头，在随州仅仅待了半年就丢掉了差事。

离开随州，赵匡胤又到了复州，这里的防御使王彦超是赵弘殷以前的部下。王彦超一听是赵弘殷的儿子前来投奔，立刻盛情款待。赵匡胤饱餐一顿之后，心想王彦超如此痛快，想必自己能在这里谋得一官半职。然而，他还是高兴得太早了。第二天，王彦超就派人送来一些盘缠给赵匡胤，赵匡胤犹如被一盆冷水泼在头上，只好垂头丧气地离开。

赵匡胤不知要去哪里，天下之大，不知何处才能安身。他想到了家中的亲人，可若是就这么回去了，男子汉大丈夫的脸面何存？

然而，手上盘缠已经不多，摸着咕咕作响的肚子，赵匡胤盘算着，首先必须找个能填饱肚子的差事。然而举目无亲、投靠无门，唯今之计只有靠自己。

这日，赵匡胤走累了，看路旁有个破旧的寺庙，走近一看，扁上书曰"清幽观"，便走进观里休息。这个时候，一阵哭泣声传来，赵匡胤顿时警觉起来，在观内左找右找，找到一间被锁住的暗室。原来女子的哭泣声是从这里传出。赵匡胤将女子救出，一问才知这女子名赵京娘，本是开封人氏，跟随父亲出游遭遇土匪抢劫，被困于此。赵匡胤看此女孤单一人，不忍其一人回家，便与之结为兄妹，千里送其回家，一路上对赵京娘体贴关怀，令赵京娘感激涕零。赵京娘便向其表达了爱慕之情，此时的赵匡胤正处在人生低谷，整日忧心忡忡，哪里还有心情谈情说爱，便婉言拒绝。这便是流传至今的赵匡胤"千里送京娘"的故事。

本打算不闯出一片天地就不回家的赵匡胤，后来还是阴差阳错地回到家中。回家的赵匡胤看到的是一个翻天覆地的开封，这一年里发生了太多事情。

耶律德光入主中原以后，不久就暴病身亡，不得不说是天意弄人。耶律德光死后，契丹内部迅速分裂，当然，起因是谁将有资格和实力来继承大统的问题。分裂后的契丹实力大打折扣，已经没有力量统治中原地区。

契丹一走，刘知远自然不费吹灰之力就得到了中原地区。然而，好景不长，刘知远登基仅一年有余就病逝，他的儿子刘承祐继承了的皇位。这年，刘承祐18岁。

刘氏轻而易举得天下，自然根基不稳固。对于这个刚刚上任的新皇帝，部分手握重兵的节度使对其采取漠视的态度。而刘承祐也确实不争气，每每上朝时，在金銮殿上竟然哈欠连天，毫无帝王风度。自然会有节度使趁此机会叛变。李守贞、赵思绾和王景崇三节度使同时举起了反旗。

当叛军打到家门口的时候，刘承祐才惊恐万分，惊慌失措的他一时间竟然不知道如何是好。臣子们终于认清了主子不争的现实，唯今之计，就是找出个有威望的人来，以其威名领军抗敌。

郭氏军中立威

叛臣步步逼近，刘承祐却还在为平叛的人选问题犹豫不决。其实这个时候有个非常合适的人选，此人便是大将郭威。郭威本是刘知远的心腹大将，曾经跟随刘知远南征北战，立下汗马功劳，可谓久经沙场，威名远扬，而此时的他正掌枢密院，平叛乃是分内的事。不过，刘承祐也不是全然的愚蠢，对郭威始终存着戒心。

郭威手握重兵，掌握着后汉的军政大权，这让小皇帝感觉如虎在侧，寝食难安。乱世的规律让刘承祐深刻体会到，谁掌握军权，谁就能够把别人踩在脚底下。刘承祐自从登基以来就深受无权之苦，父亲留给他的基业，却掌握在重臣手中，完全被架空的滋味不好受。

叛臣来犯，机遇与挑战并存。刘承祐想趁此机会培养出自己的亲信，到时候能够大权在握，实现一箭双雕的结果。所以，他明知道郭威是最佳平叛人选，但还是要舍近求远，弃之不用。

外敌当前，刘承祐却盘算着限制武将的兵权，这在某种程度上显示了他的不成熟，他心向往之的理想是一种完美结局，可是世事难料，谁能保证不会有差错，若是打了败仗，他就后悔莫及了。

刘承祐左挑右拣，找了三个无名之辈领兵出征。几个月下来，鲜有战绩。刘承祐这才认识到事态的严重性，无奈之下想到了郭威的好处。尽管他很不情愿，也不得不求助于郭威。

郭威阅历丰富，知道小皇帝不敢重用自己的心思，但他并无时间计较。对于一手打下来的江山，他不会在它危在旦夕之时而袖手旁观。

此时的刘承祐则实在是没有办法，只能把所有的希望都寄托在郭威一人身上，将后汉的军队毫无保留地交给了郭威。

郭威领兵出征，毕竟是众望所归，除后汉正规军之外，更有众多壮丁来投奔，赵匡胤就是其中的一员。赵匡胤的父亲曾经与郭威有过一面之缘，凭着这层关系，赵匡胤在郭威身边谋得了亲兵的职务。

郭威虽威望有余，但是对于这次平叛也不是十拿九稳，缘由在于三个叛臣是同时起兵，李守贞据守河中，赵思绾据守永兴，王景崇据守凤翔，而叛臣之一的李守贞也是同郭威齐名的老将，手握重兵不说，郭威所率士卒中众多都是李守贞的旧部，这样一来，自己手下的士卒肯定不会轻易对李守贞刀戈相向。况且，李守贞平素对士卒慷慨大方，深得军心，所以他才有恃无恐，公然反叛。若是郭威军中这些李守贞旧部心绪不稳，念着旧情，在战场之上倒戈相向，郭军必然军心大乱，必败无疑。郭威辗转反侧，心绪不宁，看来，拉拢军心是当务之急。

郭威虽出身贫寒，但自幼勤奋好学，虽是武将却也有勇有谋，私下里又好结交文士，跟朝廷重臣关系打得火热，博得了一些大臣的好感。这个时候，有个人帮了郭威的大忙，此人便是冯道。

冯道是一个具有传奇色彩的人物，他一生历经五朝，并且在每朝每代都担任要职，担任过中书省长官、宰相、三公、太师等职务。这在常人看来很难以置信，乱世之中，朝代和皇帝轮流转，唯独冯道有泰山压顶而不倒的能耐，却是个了不得的人物。

更为神奇的是，冯道虽历经数朝，侍奉数位皇帝，但仍然被列为忠臣之行列，这不得不让人佩服他的个人魅力。

当时，冯道跟郭威同事一朝，关系非同一般，知郭威因出征之事而愁眉不展，便献上良策。正如司马迁所说，"天下熙熙皆为利来，天下攘攘皆为利往"。冯道深知人性的弱点，便提出以利诱方式收买军心。郭威采纳了冯道的建议，赏赐士卒毫不吝啬，并且奖励军功，定出赏罚分明的政策，允诺立功者酌情授予官职。郭威此举甚是有效，士气一下子被鼓舞起来。大得军心的郭威解决了后患之忧，整装上阵。

郭威一路行军，赵匡胤跟随左右，不久就到达了河中。河中城城门紧闭，城下攻城军将其围得水泄不通，李守贞被困于城中。李守贞作战无数，自然是有勇有谋，他高筑城墙，加强防备，攻方一时难以攻克城门。郭威也不是容易对付的人，一招不成，再生一计。

李守贞被困于城中，死守无援，粮草更是日益消耗，若得不到及时的补充，就难以维持，所以李守贞必定出城筹备，这个时候就是攻城的大好时机。攻方只要守在这里，耐得住性子，就可以以最少的伤亡获得最大的胜利。

于是，郭威即刻命人在河中城下扎营筑寨，很快，城南、城西、城东三面就筑起了连续不间断的营寨。郭威如此心思，士卒大为不解。李守贞已经是瓮中之鳖，谅他插翅也难逃，若是趁此士气旺盛之际，一鼓作气，拼尽全力，背水一战，定能够将河中一举拿下。将军此举不仅让对方得到喘息的机会，更会让士卒失去耐心，这可是下下策。带着这样的怀疑，士卒除了焦急的等待，别无他法。

这天夜里，李守贞率领士卒，以迅雷不及掩耳之势，给予攻方出其不意的一击，被筑造起来的营寨多半被摧毁，当然李守贞也没有得到好处，带着伤亡士兵仓促躲回城中。

受了一身惊吓的士卒还没来得及喘息，郭威的命令来了，重建营寨，惊魂未定的士卒再次不解，不知道郭威为什么这么做。但是军命难违，他们只好硬着头皮再次把营寨建起来，耐心等待。

从此，拉锯战正式上演了。李守贞再次出城，将刚刚重修好的营寨摧毁，郭威下令第二次重建，如此三番两次，郭军的愤怒达到了极点。三番两次的攻防之战，李守贞也受到了重创，每一次出城死伤不说，更是不乏逃跑者。

这日，士卒终于盼来了郭威攻城的命令。郭军几乎不费吹灰之力就将已经疲惫不堪的河中城攻下，且伤亡少之又少。士卒终于明白了郭威的一番苦心，以最小的代价换取最大的胜利，不禁纷纷对郭威表示信服。此后不久，永兴赵思绾、凤翔王景崇也相继归降。

以周代汉

郭威在平叛中打了个漂亮的胜仗，其完美的瓮中捉鳖之术，让士卒佩服得五体投地。回到京师之后，郭威在军民中的威望可以说是如日中天。但是这些在刘承祐的眼中如同芒刺一般，让他暗恨不已。郭威本就是他心头的一个大病，此次对方凯旋，更是赚足了风头，朝野之中对其个人崇拜已经成为一股不可遏制的潮流。而他刘承祐作为一国之主，却被彻底忽视了。

功高盖主，这是任何一个朝代都无法容忍的。不过，郭威能够多年游刃官场，自然是有一番察言观色的本领，还不致被功劳冲昏了头脑。所以他必须要想一些办法来缓和与刘承祐的关系。

打了胜仗，论功行赏是必然的，尽管刘承祐非常不情愿，但是官场上的客套总要按部就班地执行。此时，郭威自然看准了机会，谦虚地推脱说，此次能够打胜仗是众多将领共同努力的结果，怎么可以由他一人来独享战果，应该共享这份荣誉。

如此功劳却不受禄，让群臣对郭威更加敬仰，郭威再次被众人吹捧了一番，这令刘承祐更加恼怒了。郭威本想以此向刘承祐伸出橄榄枝，以改善他们的关系，没想到事与愿违，双方越闹越僵。一股不祥的预感油然而生，这让郭威猛然想到了"兔死狗烹"这句话。

慑于朝臣的压力，刘承祐加封郭威为官检校太师兼侍中，这样郭威就成为一人之下万人之上的权臣。刘承祐每每想及此，寝食难安，他认为自己现在是一个形同虚设的皇帝，没有实权，没有威望。而郭威却是意气风发，高高在上。二人的角色完全调转过来了。思前想后，刘承祐始终认为郭威具有当皇帝的实力和野心。当务之急就是将郭威调出京师，远离皇城和他的根据地，把他彻底孤立起来。可是，要孤立郭威必须要找一个理由，郭威的为人非常好，没有任何把柄，叫刘承祐有针无缝插。

但是，刘承祐已经等不及了，他把刚刚培养起来的心腹叫来，商讨此事，准备把郭威这个眼中钉拔去。刘承祐身边有个大臣名李业，此人曾经挨过郭威的板子，对郭威恨之入骨，听闻皇上有意将郭威除去，自是万分高兴，表示愿意效犬马之劳，还献上把郭威孤立起来的计谋。刘承祐听得李业献计，心花怒放。

原来，李业意图让郭威去守边，但是边疆并无战事，所以支走郭威是不可能。但是战事是可以无中生有的。李业决定在边境制造一些事情，以此为借口调走郭威。

这日，边疆来了快马疾书，原来契丹进犯，需立即出兵抵抗。毋庸置疑，郭威是最佳人选。这次，刘承祐毫不犹豫，立即召来郭威，一改往日铁青脸面，无比亲切地称呼爱卿，命其领兵抵御契丹。郭威看刘承祐如此待己，更是对己委以重任，深感欣慰。对于久经沙场的郭威来说，战争并不令人恐惧，他高高兴兴地领兵出征了。但他并不知道，前方等待他的是一场针对他的阴谋。

郭威到了边疆以后，根本没有看到契丹兵马，巡视一番，也并没有发现入侵的蛛丝马迹，聪明的郭威立即联想到了出征前皇上的异常反应，顿时明白了怎么回事。

既然没有敌军可以抵抗，又没有皇上班师回朝的命令，郭威顿时清闲下来，便在这里筑起了一道防御线，以防止契丹的南侵。其实郭威眼下的举动并不是完全没必要。分裂后的契丹解决了内政问题，此时又联合成了一个整体，建立了统一的政权，而后汉与契丹接壤，这就使契丹对后汉虎视眈眈。日益强大起来的契丹对于后汉的繁华向往已久，所以郭威做好抵抗契丹的准备颇有先见之明。

正当郭威为国家安全做全面准备的时候，刘承祐却以干净利落的手段将朝中手握大权的杨邠、史弘肇、王章以反叛的罪名冤杀，然后安插上自己的亲信。

解决了朝中的事情，刘承祐的下一个目标便是郭威。但是天下没有不透风的墙，郭威耳目众多，平素又结交了一帮好友，刘承祐的秘密很快便泄露了。当他的圣旨还没有到达郭威眼前的时候，郭威早已经做好了起兵的准备。圣旨一到，郭威便杀了送信大臣，修改圣旨，宣称刘承祐要杀诸位将领。一时间，众将士愤怒的情绪被充分调动起来了。

郭威虽领兵造反，却有后顾之忧，那就是他的家人还在开封。天子脚下，一着不慎，自己就会害得家人命丧黄泉。然而，郭威的担心终究还是发生了。听闻郭威以"清君侧"起兵的刘承祐一时急火攻心，一怒之下将郭威家眷全部诛杀。郭威痛苦之中丧失了理智，便下达了一道命令，这道命令成为他一生中的污点——只要攻入开封城，便可以随意抢掠十天。军心大受鼓舞的士卒以不可抵挡之势，仅仅七天就到达了开封，而之前从开封出征的时候却走了半月有余。利益驱动下爆发出来的力量是不可思议的。

大军进入开封城，开封禁卫军听闻郭威之名纷纷倒戈，刘承祐看大势已去，便准备逃跑，后被郭威的部将杀死。随后，郭军便在开封城内一番抢掠，人员死伤无数，郭威看烧杀抢掠一发不可收拾，立刻下令停止。

国家没有了君主，只余太后垂帘听政，郭威便自立为监国，掌握了后汉的军政大权。他虽无皇帝之名，但有皇帝之实。国不可一日无君，951年，郭威便正式登基称帝，改国号为周，史称后周。

第二章

陈桥兵变，坐拥江山

义子承父业

历朝历代凡是开国皇帝登基伊始都免不了要论功行赏，以笼络人心，郭威当然也是如此。大臣依旧是原班人马，在这乱世之中，这些人若是还讲忠臣不事二主，就无法继续生存。所谓识时务者为俊杰，良禽犹懂得择木而栖，像冯道这样一生历经几朝侍奉数个皇帝的，更是司空见惯。

郭威论功行赏，不论功劳大小，毫无遗漏。一片欢声笑语，相贺之声不绝于耳，郭威通过此举大获人心，于君于臣，皆大欢喜。正当举国同庆之时，没有人注意到一个小小的禁军士卒正在唉声叹气，此人便是赵匡胤。

赵匡胤自从投军以来，一直跟随郭威，任劳任怨，在郭威的身边也增长了见识。作为郭氏的亲军，郭威却似乎把他忘记了。不过，赵匡胤的所作所为郭威早已经看在眼里、记在心里，没过几天，便把他升职为禁军东西班行首。暂且不论官大官小，赵匡胤这在禁军里面也算个有头有脸的人物了，可是这个职位让赵匡胤更加抑郁。

原来，这个职务的根本任务在于保卫皇宫的安全，整日就是执行站岗的任务，看到可疑人物便留下来盘查，这样日复一日，重复着简单机械的工作，赵匡胤很可能再无晋升的机会。渴望一展宏图的赵匡胤非常不甘心，不知道何时才能熬出头。他想到了自己的父亲赵弘殷，一辈子在禁军里做着不大不小的一官半职，收入只够勉强养家糊口，若是自己这样得过且过下去，必定会步父亲的后尘。赵匡胤这样想着，愤怒和不服油然而生，不行，绝对不能这样坐以待毙，必须采取行动主动出击。

俗话说宁为鸡首，不为牛后，赵匡胤要找个能让自己大展身手的地方。打定主意的赵匡胤开始另觅贤主，最终挑中了柴荣。柴荣是郭威的义子，但是当时的他并不受重视。郭威的儿孙被杀尽之后，膝下无子，便收柴荣为义子，给他一系列的官衔，但是这并不意味着柴荣就是皇位候选人。一来郭威还正值壮年，会不会再有后代还是未知数；二来郭威还有个亲外甥，名李重进，此人阅历丰富，久经沙场，战功卓越，手握重兵，在朝中享有盛名；三来柴荣虽众多头衔压身，他的威望却经不起追问，没有带兵打仗的经验，就培养不起自己的亲兵。兵权是一个根本性的问题，没有兵权，一切都是徒劳。

不过，让柴荣头疼的不是这些，而是朝中一人之下万人之上的权臣王峻。王峻在郭威造反时是其坚定的追随者，郭威登基以后，给王峻带了一顶后周第一功臣的高帽，任其为宰相兼枢密使。王峻手握重兵，就连郭威对他都有几分忌惮。有这样一个对手，此时的柴荣只有唉声叹气的份儿，众人对柴荣左看右看都是摇头，叹他前途一片昏暗。

可是，赵匡胤却不同他人，笃定柴荣为自己应该跟随的人。但他为什么会选中不被看好的柴荣，具体的原因已经无从考证，只能说他慧眼识英雄，或者是运气好。但是能够肯定的是，这个决定对赵匡胤人生至关重要，他由此平步青云，一步一步向皇位迈去。

当然，这也是一步险棋，对于赵匡胤来说，一着不慎全盘皆输，主子柴荣的未来就决定了他未来的命运。

对于充满野心的人来说，让他安分下来比杀了他还难受，赵匡胤就是这样的人，所以处于失意状态的他决定赌一次，不论输赢。

赵匡胤投奔柴荣后，初始并未得到重用，因为当时的柴荣也是颓废异常，原因就在于受到了王峻的排挤。而那时的王峻正是意气风发的状态，在朝中不可一世。

王峻之所以如此嚣张，原因在于他刚刚为郭威平定了刘崇之乱。郭威举行登基大典，消息传到了刘崇耳中，刘崇自是怒不可遏。因为他被郭威诓骗了，不但失了进军开封夺取皇位的先机，还赔上了儿子。所以刘崇打定主意要跟郭威势不两立，便在其根据地太原建立了跟后周对立的政权——北汉。

北汉统治区域极其有限，其实力也无法跟郭威相对抗，但是丧失亲子的悲痛和对郭威的仇恨让刘崇失去了理智，走投无路的刘崇向辽国发出了救援的请求，辽国满口答应。不久，辽国即派5万人马前来支援刘崇，再加上刘军两万人马，浩浩荡荡向开封开来，企图一举将后周消灭。

此时的郭威已经沉溺于开封的安逸生活，加上害怕后院失火，不愿再御驾亲征，便将迎敌的重任交给了时任宰相兼职枢密使的王峻。王峻先守后攻，一举将汉辽联军击退，北汉人马损失惨重，辽国也受到重创。自此以后，刘崇再也不敢进犯。王峻凯旋，举国为之振奋，而此战更是让他地位稳固，后周再没有能将他取代的人，就连郭威也奈何他不得。

事业上如日中天的王峻自认为作为后汉第一功臣，竟开始有了非分之想，觊觎着皇位。如此一来，他首先要打败的竞争对手就是柴荣。

王峻以其职权将柴荣禁锢在澶州，禁止柴荣参与朝中事务，剥夺他的各项权力，除了节假日能够与郭威会面外，一律不得入开封。柴荣抑郁非常，却无可奈何。

这日，得知王峻离开开封，柴荣得此机会便想入开封与义父郭威叙叙家常，但是王峻狡诈非常，早就布好了眼线，一路监视，随时汇报。柴荣没有办法，只得取消此次行动。时间久了，柴荣对王峻的仇恨已经到了无以复加的地步。

而王峻在朝中也越来越肆无忌惮，其爪牙遍布朝中各个角落，对郭威也出言不逊。王峻的一言一行极大地超出了郭威的忍受限度。当郭威察觉到王峻的狼子野心之后，便开始设计了一场针对王峻的谋划。

这日，王峻依旧若无其事地来上朝，朝堂之上一片安静，郭威坐在龙椅之上，命承旨官员展开了奏折，开始罗列一系列王峻欲夺取皇位的罪证，当然，这其中不乏虚构的内容，但是没有人肯替王峻说理或求情。不可一世的王峻就这样被革职了，从如日中天一瞬间跌到了深渊谷底。

王峻被革职以后，最高兴的当数柴荣，柴荣终于可以走进开封。此后郭柴父子联合开创了一个欣欣向荣的盛世。但是，任何人都不能抵挡时间的琢磨。这一年，郭威51岁，病来如山倒，一代名将郭威、后周的开国皇帝就这样淡然离世。34岁的柴荣受到郭威临终委任登上皇位，是为周世宗。

陈桥兵变，黄袍加身

显德六年（959年），后周世宗柴荣驾崩，留下了孤儿寡母和后周这个庞大的帝国。让病危的柴荣极度不放心的是他的儿子，也就是当时的太子柴宗训。柴宗训只有7岁，而他身边的文臣武将们却都从政多年、老成世故，他们对年轻气盛的柴荣都颇为不服，更何况区区一个7岁小儿？

为了防止后周大权的旁落，柴荣在死之前封太子柴宗训为梁王，领左卫上将军。同时册立了大将符彦卿的女儿（前任皇后的妹妹）为皇后，希望皇后和她的父亲能够共同保护和辅佐年幼的柴宗训。最后，他让范质、王溥、魏仁浦三位大臣在他百年之后担任辅政大臣之职，还罢免了都点检张永德的官职，封年轻有为的赵匡胤为殿前都点检。

为了保全自己，在柴荣去世后的一个月后，赵匡胤以属地还有繁忙的公务要处理为由，向朝廷请旨离开了京城，回到了自己的属地——归德府。在赵匡胤回归德府之后的短短半年时间内，后周的军事系统发生了天翻地覆的变化，而这一切对赵匡胤都是非常有利的。

首先，赵匡胤之友慕容延钊出任了一直空缺的殿前副都点检一职；其次，"义社十兄弟"之一的王审琦担任了殿前都虞候一职，他与赵匡胤的关系也十分密切。

时光流转，转眼间959年即将过去，巨大的变革酝酿了如此之久，终于要揭开真面目，登上历史的舞台。次年的正月初一，刚登基不久的小皇帝柴宗训照例身穿华服端坐在大殿上等待着接受群臣的朝贺。新年伊始，整个开封府都笼罩在一片喜气洋洋的祥和气氛当中，没有人觉察到，这样祥和的气氛，文武百官和百姓喜悦的心情就要和随之而来的动乱一起消失。

就在此时，从北方边疆的镇州、定州传来急报，北汉和契丹趁着后周新皇登基，皇帝年幼，国家还未稳定下来的空当，居然联合起来向后周的边境进犯。

正当前线告急之时，后周的统治者却只是个年仅7岁的孩子，根本无法对这样紧急的情况做出任何正确的判断。大殿之上顿时乱作一团，大臣们围住宰相纷纷讨论该如何是好。宰相范质等人也面面相觑。

兵来将挡，水来土掩，经过宰相们的研究决定，如今辽国和北汉来犯，来者不善，后周不能示弱，要以最快的速度给予反击，打压住对方的嚣张气焰。时局如此，既然已经做出了决定，那么这个艰巨的任务要由谁来完成呢？

众臣环顾四周，此时留在京师的武将中能够担当此重任的只有韩通和赵匡胤两人。京城是万万离不开韩通的，所以只能由禁军统帅、殿前都指挥使赵匡胤亲率大军北伐，迎击北汉和辽国的军队。而赵匡胤正是年富力强，更何况他一直领兵在外，所以这个决定非常"英明"，根本没有让朝中的人产生任何怀疑。

刻不容缓,第二天,也就是后周显德七年(965年)正月初二,殿前都指挥使赵匡胤就率领后周大军出征北上,担任此次前锋的正是赵匡胤的好友——殿前副都点检慕容延钊。随军出征的还有侍卫步军都指挥使张令铎、侍卫马军都指挥使高怀德等人。

赵匡胤此举非常高明,他将韩通手下的大半兵力都调过来随他北上出征,而将自己的亲信主力留下来镇守京师。表面上看,一切风平浪静,显然赵匡胤是为了让朝廷各位大臣放心,他是丝毫没有叛乱之心的。但实际上,那些留在京城的殿前司人员——赵匡胤的亲信,都是他日后起兵留在京城的内应。

后周显德七年(960年)正月初三,大军如期抵达了距离开封城四十里地的陈桥驿。此时天色已晚,天上也开始下起了小雪,赵匡胤抬头看了看天空,停马下令三军在陈桥驿安营扎寨,养足精神,明日再行。安顿完毕之后,军校苗训悄悄对赵匡胤的亲信楚昭辅说:"末将颇懂天数,我前日观天,见日下复有一日,且黑光摩荡者久之。两个太阳正在搏斗,犹如当今两虎相争,这是天命所归!"楚昭辅不明其意,苗训又对他说道:"天象如此,还有什么不明白的。你和点检如此亲近,我不妨就对你实话实说。那先没的日光,代表的是大周,而那后起的,便是太尉大人了。"楚昭辅大惊失色,又问道:"这天象何时会应验呢?"苗训答曰:"天象已经出现,应验就在眼前了。"

苗训和楚昭辅的此番谈话在军中迅速流传开来,众军士听闻都对此议论纷纷。不少人都认为,如今先皇已去,当今皇上如此年幼,又不懂政务,如今大军出征,他们在战场上奋力杀敌,出生入死,功劳却不为人知。现在都点检为人仁德又立有奇功,岂不是现成的天子吗?天命所归,不如先拥立都点检为天子,再图北进。

这样的议论正合赵匡胤的心意,这也是古代非常常见的改朝换代之前先制造舆论的做法。为了即将发生的兵变,赵匡胤先暗中将自己的亲信郭廷斌调回京城,和石守信、王审琦二人充当内应。以便在他率军回城时给他打开城门。这一夜,赵匡胤喝得酩酊大醉,很快他就上床休息了，他睡得很沉，等他醒来，一场大戏就要上演。

第二日凌晨，赵匡胤还在沉睡之中，而一夜未眠的众将士皆手握兵器围在赵匡胤帐前，更有将士准备进入帐内。一时间呼声四起，众将士皆高声喊道："诸军无主，愿奉太尉为天子。"事情发展到了这个地步似乎就要结束了，接下来要做的就是大军返回京师，逼柴宗训退位，天下就是赵家的了。但此时，一个人从背后站了出来。

这个人便是赵普——赵匡胤的第一谋士，也是后来被赵家认为"同宗"之人。面对众将士，赵普严肃地对他们说道："太尉大人对当今皇上和大周忠心耿耿，天地可鉴，绝不会允许你们干出如此大逆不道的事情！"

赵普非常聪明，他深知赵匡胤代周建宋需要一个相对合理的理由，倘若一着不慎，就会背上乱臣贼子的"篡位"之名，对谁都不好交代。于是他欲擒故纵，故意对意图叛变的众将士说了上述的话，这样一来，赵匡胤就会是在众人的"胁迫"之下，众望所归地登上帝位。

众将士虽不明白赵普的心意，却按部就班地按照他的计划在行动。被赵普呵斥的军士们回到营帐后百思不得其解，但事情已经发展到了这个地步，如果不进行下去，他们都会以"忤逆"之罪被判处死刑。

果不其然，不久之后，这些人又回到了赵匡胤的帐前，坚持要拥立都点检为帝。由于最终要的效果还没有达到，赵普又"劝"他们道："册立之事，非同小可，不可轻举妄动。如今北汉和契丹来犯，国家正处在危难之中，不如等到北征之后再做打算。想必太尉大人也是此意。"

众人听赵普之言，纷纷大怒，情况危急，现在不立都点检为帝，性命就将不保了。于是他们言辞恳切地对赵普说："当今皇上年幼无知，我们出征打仗，为国流血效忠，又有何人知道。不如先立点检为天子，再图北征吧。"这时赵匡义也站了出来，他义正词严地对众将士说道："兴王异姓，虽然是天命所归，但也是人心所向。你们一定要管好自己的军士，进城之后不要烧杀抢掠。只有开封府内人心安定，大事才可成，到时候天下易主大家就可以共享富贵了。"

赵匡义这一番言语之后，赵普估计舆论铺垫成熟，心内暗喜，立刻到帐内将沉睡之中的赵匡胤叫醒。此时的赵匡胤睡眼蒙眬，走到帐外，众将士立刻将一件黄袍披在了赵匡胤身上。众人跪倒在地，山呼万岁。赵匡胤象征性地推辞了一下，便答应了众将士的请求。事实上，这正是他所希望的。至此，这便是历史上著名的"陈桥兵变，黄袍加身"。

陈桥兵变发生之后，赵匡胤命众将士集结，大军即刻准备回京。

所谓"识时务者为俊杰"，为了留住后周的一线命脉，有勇有谋的小符皇后在大军进城之时就带着小皇帝柴宗训离开了权力中心——皇宫，脱下了黄袍，住进了佛寺。这样的举动很明显是一种政治避难，等于说是柴家放下了权力，向赵匡胤屈服，只为了能求留得柴家后代的性命。

于是，赵匡胤穿上龙袍，登上大殿，开始接受众臣的朝贺，是为太祖皇帝。因他所领的归德军在宋州，所以定国号为"宋"，改元建隆，定都开封。登基之后，赵匡胤下旨封后周废帝柴宗训为郑王，皇太后符氏为周太后，从此迁居西京，再不得干涉朝政，并规定，从此柴家的世世代代都受赵宋子孙的庇佑，不得对他们有任何伤害。

风云变幻，就这样，赵匡胤废后周建大宋，自立为帝，一个崭新的王朝——北宋开始了它漫长的历史征程。

第三章

艰辛的开国之路

我的死敌就是你

在开封的皇宫里，赵匡胤遥望着千里之外的扬州，穿越过山河社稷，穿越过层层历史，想着李重进的桀骜不驯、手握重兵和军功显赫，每一条都足够让他将李重进置于死地。

讨伐李筠，封赏李守节，赵匡胤恩威并施，大宋帝国因此站稳脚。此时，李重进便成了赵匡胤的眼中钉、肉中刺，无论李重进怎样示好，都不再能感动这位年轻的帝王。

李重进的存在是对赵匡胤的巨大威胁，卧榻之侧，岂容他人虎视眈眈。生性谨小慎微的赵匡胤更不会养虎为患，让李重进继续坐拥重兵，危害自己亲手建立的皇朝。

建隆元年（960年）七月，赵匡胤在开封的皇宫中发布了一道诏书，徙原中书令、淮南道节度使李重进为平卢节度使，移镇青州（今山东益都）。克日即行。这道诏书的颁布，使李重进的命运也尘埃落定了。从后唐皇帝李从厚、李从珂，到后晋的石敬瑭等人，他们的衰亡都是从辖区的变更开始的。节度使离开了自己的辖区，就等于被宣判了死刑。当时虽然已是宋朝初年，但是所有的人都保留着五代十国时，对节度使迁移的思维模式。所以李重进也知道了自己的命运。

但紧接着的一道旨意令天下众人为之迷惑了，赵匡胤命六宅使陈思诲带着铁券丹书去扬州，表示朝廷对李重进的隆重尊敬。这下子，事情没有按照大家习惯的方式进行下去，李重进琢磨不透了，他决定相信赵匡胤，准备随着六宅使进京谢恩。

政治就是这样，当局者迷，旁观者清，李重进的部下不忍曾经威震八方的李重进就这么被赵匡胤设计杀害，他们劝李重进不要进京。所以李重进这次不仅没去开封，还公然扣下六宅使，开始修城练兵，准备对战赵匡胤。

决战之前，李重进四处寻找可能的盟友。他给南唐皇帝李璟写密信，要李璟出兵助战，李璟却把信转给了赵匡胤。李重进开始疑神疑鬼，结果，扬州都监、右屯卫将军安友规无法忍受这种怀疑，连夜带着亲信从扬州逃往开封，于是李重进开始滥杀亲信。

人杀完，李重进的军心也随之涣散。时任枢密副史的赵普说——

李重进仗江淮之险，赡缮修孤堡，尽采守势。既无恩信，复伤士卒。外绝救援，内乏资粮，急攻急取，缓攻缓取。其亡必矣。

于是赵匡胤决定缓攻，让李重进自掘坟墓。直至九月二十日，赵匡胤下令削其官爵职位，在十月二十一日再次下诏亲征。尽管现在，李重进的实力已经大不如前，但赵匡胤还是不敢掉以轻心，他带着石守信、王审琦、李处耘、宋延渥等得力干将一同出征。

当年十一月十一日，赵匡胤亲临扬州城下，扬州城随即陷落。战斗力涣散的李重进部根本不堪一击。纵横沙场半生的李重进在败亡之时没有让敌人付出惨重的代价，他败得比李筠更颓丧。

扬州城里，刚烈的李重进也选择了葬身火海，这场战争最后的胜利者，是火海中映红了脸颊的无法揣测的英雄——赵匡胤。

雄兵未动，李重进据守的扬州城就被烧成了灰烬，这时，赵匡胤的前面就是长江，对岸的南唐就在他的眼前。赵匡胤命令把能找到的船都放到水里，他站在江边向对岸望去，看着那风高浪急的天险。

两年前，他也曾率部冲向南唐，杀人放火，当时自己不过是柴荣手下的一名战将，那时的一切是那么的轻松容易。但如今，他身为帝王，他清楚，这道天险的重大作用，他生性谨慎，不愿冒险。他仅仅在长江边上一番折腾，修书一封，名为邀请李璟到江南打猎，实为恐吓和敲诈。面对这样的口头威胁，李璟也无法安心，他立刻派人送来了大量的犒劳军队的物资，只为探听赵匡胤的虚实。

来送物资的使者是南唐左仆射、李璟之子蒋国公李从鉴以及户部尚书冯延鲁。赵匡胤认识冯延鲁，他曾经是柴荣的俘虏，赵匡胤用他惯用的当头棒喝来和他们交谈，他说："汝国主何故与吾叛臣交通？"冯延鲁面不改色地承认，他还参与了谋反。虽然赵匡胤气得咬牙切齿，但还是强忍怒火，问清了事情的缘由。

冯延鲁淡然地回答："当初李重进派的使者住我家，消息是我传的。国主跟李重进的使者说'李重进已经失去了谋反的时机，该和李筠一起谋反，现在单枪匹马，即使南唐想要援助，也不敢帮了'。李重进败了，我们南唐有何错？"

这是南唐人第一次问赵匡胤南唐错在何处，当时估计赵匡胤气血上涌，他已经被气昏了头，这时他纵横沙场的霸气油然而生，他说："我诸将劝我直取南唐，你看如何？"这样的气势吓坏了李从镒，但没有吓到曾被俘获的冯延鲁，他冷冷回答："李重进堂堂英雄都败在你脚下，更何况南唐。不过我们也有先主留下的精兵数万，如果你舍得数万将士的性命和我们血战，我们也乐意奉陪，况且长江天险，你们未必攻得过来。"

这时所有人都以为，冯延鲁即将要面对的就是天子之怒，所有将士都看惯了赵匡胤的铁腕，这位年轻的帝王不是继承来的皇位，能走到今天这一步，靠的是自己的刚勇、血性甚至残酷和冷漠。但没有人想到，赵匡胤竟微微一笑，不再论及此事。几天后，赵匡胤就宣布班师回朝，再不提及南唐之事。

对赵匡胤来说现在李重进死了，扬州收复了，他此行任务已经基本完成了。现在对他来说最重要的就是全身而退，清理内部隐患，不断巩固自己的统治。所谓内忧不除，何以攘外？而安抚内廷，扬我君威，肃清任何可能出现的叛乱因素，最首要任务则是再次确认赵普的地位。

杯酒释兵权

平定李筠之后，赵普被擢升为枢密副使，名正言顺地接管了全国的军政要事。赵普在北宋百废待兴的时候，得到了赵匡胤的完全信任，他事无巨细完全参与，甚至在很多时候独断专行，这些在史书中是鲜有见闻的。就像《赵普传》所记载的事情，要么极大，要么极小，却都没有记载具体的情况。这或许是因为他参与的隐秘事件过多，不想留下任何蛛丝马迹让世人评说。

赵普生性果敢刚毅，他一方面以天下事为己任；另一方面，他又生性深沉克制，能够杀人不见血。他位极人臣，权倾天下，他的真才实学虽然没有明确的记载，但是北宋的权力设置是他一手构建的，这些具体而又别出心裁的巧妙设计，保证了北宋在百十年间没有武将犯上作乱、没有藩王谋逆造反、没有内廷太监独断专行，甚至没有后宫争斗和女祸作乱。

世人皆称宋太祖功不可没，却更应该记住这一切的缔造者——赵普。他本身读书不多，却足智多谋，当上宰相之后，更是奋发图强，到晚年仍手不释卷，学识才智都大为长进，处理朝政事务"处决如流"，家人曾发现他的藏书只有一部论语，至此民间开始流传"半部《论语》治天下"的佳话。

建隆元年（960年）十二月，赵匡胤从扬州凯旋。大宋的人心归顺，谋反者均已被清剿，赵氏江山日渐稳固。但赵匡胤并不开心，他苦恼，内心不断变化。

有一次，他在后花园打鸟，有臣子紧急求见，他以为出了大事，但听完臣子的汇报，却发现不过是平常事务，赵匡胤很生气，但这位臣子的一句话让赵匡胤哑口无言，臣子说："臣以为，任何小事都要重于打鸟。"这时，赵匡胤的粗暴心性再次暴露，他一斧子砸掉了他两颗门牙，大臣捡起门牙，不气不恼，赵匡胤却沉不住气了。大臣决心倔强到底了，他虽然告不了皇帝，史书却自会记载。

赵普将这一切收入眼底，赵匡胤对他说出了自己的心里话："现在仍逢乱世，我不过是占据了后周的国土，而如今谁家的江山也不稳固。"此时，赵普开始发挥自己的真才实学，赵宋的治国精神也就此确立。百年的富足和千年的衰落也从此开始。

赵普给赵匡胤指出了这样一条路：削弱兵权、制约钱谷、收敛精兵、消除所有人的妄想，天下自当太平。这其实就是强干弱枝。听了赵普的话赵匡胤恍然大悟，在几十天之后，他开始实践这一套政策，他清楚地知道，赵普的方案能够在短时间内对存在了几十年的藩镇割据、君弱臣强的局面一扫而净，但是，长远来看呢？

前朝的藩镇割据也是日积月累，积重难返，而唐朝的能臣明君不计其数，却依然容忍了藩镇的存在，这不仅有客观原因，更有隋唐帝王主观上的自信和强大。赵匡胤的气度异于常人,但和李世民比起来,却差之千里。他的国家,他的执政之道,从他战场上拼杀拿下这个国度开始,就注定了他的谨慎、忧虑。他不允许任何人以个人的方式再度威胁到他的政权。他不允许任何不稳定、任何反叛的可能性,所以即使他留下了前朝旧臣,他也随时提防着他们。实权仍然在自己亲信的手中,比如弟弟赵光义,赵普、李处耘。但即使如此,他也不得不限制他们的高官和地位。

也许,赵匡胤早就明白,削弱兵权、收粮谷、敛精兵能够强君权,防止内乱,但是最后也会把国家的活力和民族精神都压抑到灭亡。但选择强大的藩镇,虽然可以保有国家的强盛,最后也可能使国家毁于内乱。出身武将的赵匡胤选择了前者,他太需要一个稳定的君权来消灭内心深处的不安。

961年,赵匡胤开始了自己的集权计划,三月,宋朝最强的军事人物慕容延钊和韩令坤一道进京,赵匡胤给了他们一个惊喜:他罢免了慕容延钊禁军殿前都点检一职,命他出任山南东道节度使,同时罢免韩令坤禁军侍卫司马步军都指挥使,命他出任成德节度使。韩令坤的职位由石守信担任,至于慕容延钊的官位则再无他人了。石守信在升官一百多天之后,也被罢免。他们或许都该庆幸,自己还活着。

而此时,赵匡胤也遭受了人生的一大低谷。他贵为天子,也是公认的孝子,这时他的母亲杜太后生病去世了。杜太后的死让他伤心欲绝,但这绝不是他一个人的不幸,在这位宋史中只有很少文字记载的老妇人去世之后,北宋两件最大的疑案——"金匮之盟、烛光斧影"中的前者,就此发生。

在961年,还有一件大事发生,南唐皇帝李璟去世。此时他已经不能叫李璟,而只能叫李景,因为他已经不是皇帝,而只是南唐国主了。当他死的时候,才清醒地意识到自己生命的足迹,他父亲临死前为他做好了一切,并且提出了最后一个要求,要他善交邻国,守住祖业,保住社稷。但李璟忘记了这些,他在治国治军方面没有听取父亲的临终建议,至他死之时,国土已经丧失了一半,四邻交恶,民不聊生,保他江山的长江也差点成为落入大宋之手的理由。

那年三月,李璟觉得金陵太靠近北宋,决定迁都洪都(今江西南昌),在迁都过程中,龙舟在长江中突遇大风,险些让他落入宋朝水军之手,而达到洪都之后,他也病倒了。临死前,他给太子李从嘉的遗命是——不要奢靡浪费,不要修建陵寝,只求一片安宁。但太子不肯满足父亲的遗愿,他一面大修陵寝,一面奏请赵匡胤,请他给予自己父皇安葬的礼仪。

身处丧母之痛的赵匡胤答应了李从嘉的请求,李璟的尸体被运回金陵,追复帝号,定谥号为"明道崇德文宣孝皇帝",下葬于顺陵。当年七月二十九日,李从嘉在金陵登基,成为第三代南唐国主,改名李煜。

七月注定是个动荡的月份,在长江以南的第一大国南唐新主登基,在江北的大宋发生了震动全国的政令改革。都城禁军里的高级将领们一夜之间都被革去官职,这些将领包括石守信、高怀德、王审奇、张令铎、赵彦徽等人,一个个都是威震四方忠心耿耿的开国将领,旦夕之间,兵权尽解。按照常理一定是经历了血雨腥风、翻天覆地的过程,但是事实上如春风化雨,没染上半点血腥。帝王如释重负,将领们也拱手相庆。

史书记载,建隆二年(961年)七月的某个夜晚,赵匡胤邀请亲信到内宫喝酒,他说自己当皇帝之后非常不快乐,众人忙追问原因,赵匡胤说了一句:"居此位者,谁不欲为之?"之后所有人伏地请罪,赵匡胤则"释去兵权,出使大藩"为由,赐予他们田产金钱,一干将领第二天便纷纷称疾请罢,赵匡胤遵守诺言"日饮酒而欢,以终其天年",给了他们新的分封:石守信为天平节度使,高怀德为归德节度使,王审琦为忠正节度使,张令铎为镇宁节度使,石守信本人保留了侍卫司马步军都指挥使的虚衔,其他人的禁军官职一并罢免。

虽然都封了新的官位,但所有人都知道,"兵权不在也"。这就是千古流传的"杯酒释兵权"。开国皇帝赵匡胤在谈笑间收掉了几乎所有股肱大将的兵权,将军事力量牢牢控制在自己手中,却并未像刘邦、朱元璋等人那样在天下一统后大开杀戒,而是放了大将们一条生路。

自此,宋朝确立了文人治军的制度,彻底消灭了藩镇割据的可能性,也使得宋朝的中央集权制大大加强了,为经济文化的高度发展创造了良好的条件,但是过分强化中央权力造成了冗官冗兵冗费,宋朝也因此渐渐走上了积贫积弱的灭亡之路。

金陵被围

无论李煜多么温顺,赵匡胤还是决定对南唐下手,这是赵匡胤该做的事情。无论他看起来多么的仁义道德,他的战略部署都不会因为李煜而温和,或者因为自己的宽厚而停下脚步。当然,开始的时候,还没有多么暴力和血腥,只不过是,赵匡胤说自己想念李煜了,需要他来开封陪伴自己。

李煜不敢去,他的亲弟弟李从善曾带着贡品朝拜了大宋天子,然后就这样被扣押,一直未归。李煜知道,他一旦过长江北上,就再也回不来了。于是他不断地"病"倒。后来,赵匡胤的邀请越来越强势,李煜到了忍无可忍的地步,于是他告诉宋朝的使者——臣事大宋恭敬,原为保全祖宗社稷,如此逼迫,不如一死。他说着就在自己的朝堂之上朝着一个柱子撞去,但是大堂上的文武百官太多了,他距离柱子也太远,因此,他还没有撞到柱子上,就被拦下来,但是,这种姿态已经被大宋了解了。

赵匡胤知道,天上掉馅饼的事情是不太现实的,那么只好出兵了。只是,他很难猜中李煜的心思,一直以来都是委曲求全的李煜为什么突然就宣布抵抗了?对付南唐,他是需要像对付南汉一样,大动干戈才能让他投降;还是像吴越一样,等他自动送上门?

其实,李煜也有自己的底线,三年来,他不是没有机会,当宋朝绕过南唐攻打南汉的时候，他的水军大将军林肇仁曾经来找他，告诉他宋朝先灭后蜀，后灭南汉，往返数千里路，现如今去攻打他们兵力薄弱的淮南地段，一定能将失去的江北地区夺回来。李煜没有反应，林肇仁进而说："当我起兵后，你对外宣称我已经叛变了，如果我能胜利，那么就是国家的胜利，如果我失败了，就说我是叛军，诛杀我的全族，这样大宋也不会怀疑你了。"李煜思忖良久之后，还是写下了给刘鋹的劝降书，林肇仁只能无奈离去。

后来卢绛又来了，他是南唐枢密院承旨兼沿江巡检，他提出了联合吴越，抗击大宋的方案，他一样得不到李煜的回答，他又向皇帝报告了自己的具体方法——放出假消息，说南唐的宣州、歙州等地叛乱，然后邀请吴越援兵，只要他们进入南唐，南唐就发兵截断他们的后路，卢绛再领兵偷袭杭州，这样必定能够一举歼灭吴越。

卢绛的话，换来的不过是李煜的神游仙境，他根本没有听。卢绛长叹一声也走了。最后来的是一个位低言轻的内史舍人，名为潘佑，他激愤上书，看到李煜的过分懦弱仁慈，他把国主比作了"夏桀、商纣、孙皓"，其实，很多臣子都在皇帝们面前说过前两个昏君，但是第三个人的名字触动了李煜敏感的神经，因为他是江南国主，是亡国之君，是一个降王。

李煜怒捕了潘佑，潘佑在狱中自杀了，潘佑的好友户部侍郎李平也被株连，理由是潘佑所为都是李平挑唆，李煜在狱中赐死了李平。虽然这给李煜的名声带来了恶劣的影响，但是，南唐的子民已经不会再震惊了，因为李煜一年前就赐死了林肇仁。那位忠心耿耿要保家卫国的将军，因为赵匡胤的一个离间计谋而被杀害了。

现在，李煜终于要有动作了，他给吴越王钱俶写了一封信，信中邀请吴越一同反抗宋朝，但结局和当初刘鋹给他写信的结局一样，钱俶把信也转交给了赵匡胤。赵匡胤在974年通知吴越，要他们直接出兵配合宋军攻打南唐，吴越全国沸腾了，朝廷却是一片沉默。如果南唐灭亡了，那么谁来挡住宋军。这位一向谨遵祖训的国主很快做出决定，听命宋朝，无条件支持，宰相沈虎子大怒，他责问皇帝，怎么能如此懦弱，钱俶于是撤了他的官职。他知道，如果联合南唐，赵匡胤就会先打吴越，那时候南唐也不会出军支援，最后只会落得国破人亡的下场。

赵匡胤在攻打南唐之前，先跟李煜要了一户樊姓的人家，然后以修茸天下方志为名，要了南唐诸州的州志，将南唐的山川地形、户籍多寡都收入眼前，一目了然。然后才因为李煜的"倔强不朝"为名，进攻南唐。此次主帅是曹彬，先锋是潘美。宋军兵分五路，志在必得。

湖口的突破带着戏剧性色彩，南唐军本以为又是来长江边上操练的宋军，突然就打到了眼前，南唐的部队还为他们准备好了大量犒劳的物资和酒肉，以前宋军都是拿了东西、吃了酒肉就回去了，没想到这次却是来攻城略地的。

水军大将林肇仁已经被处死了，没有人能挡住宋朝水军的步伐了。李煜眼看着南唐四壁受敌，却无能为力，这时候，曹彬的军队已经攻到了采石矶。那群北方人在采石矶上修建了一座南唐人看起来非常不可靠的浮桥，然后就这么冲过了采石矶。选择此地的就是那位樊姓人家中的一个落地举人，那个举人曾一度想要议论国事，希望李煜能励精图治，但总是失望而归，最后隐居采石矶一带，打鱼为生，也为设计这浮桥埋下了伏笔。

战争是一种充满了奇幻色彩的艺术，出手迅捷的潘美，加上冷静稳重的曹彬，这对战场上的好搭档，让北宋大军迅速到了金陵城下。

另一方的李煜启用了皇甫继勋，据说，这位将军在李煜的盛怒之下，被守城的官兵砍成了烂泥。他不仅不敢自己对敌，而且不让那些已经准备好偷袭宋军的士兵们出城。就这样，金陵在宋军的连绵攻势中僵持了五个月。如果赵匡胤派的主帅不是曹彬，而是其他任何一个主帅，这时候都会忍不住要攻城，但曹彬没有，他容忍李煜派出的江南第一大辩才——徐铉，两次北上，到北宋去求和。这位江南才子站在大宋的朝堂上，质问江南何罪之有，恼羞成怒的赵匡胤终于撕下了自己的面具,吼出了一句传世之言——天下一家,卧榻之侧岂容他人鼾睡?

此时,南唐的十万水军败下阵来,金陵孤城便上演了一次决绝的偷袭,奈何宋军早有准备,偷袭的军队最终全军覆没了,宋军在尸体堆里,发现了很多将帅的符印,原来最后出战做敢死队的,都是将军们自己。

这时曹彬开始装病,他拖住了宋军进城的脚步,此时金陵已经油尽灯枯了,曹彬和将士们约法三章——破城不妄杀一人。曹彬此时佯装虚弱的背后,是赵匡胤赐予的天子之剑,狰狞地望着所有的部将。975年十一月二十七日,一切都结束了。

南唐覆灭,宋军的攻势锐不可当,赵匡胤的用人艺术也算得上登峰造极:锐利如尖刀的潘美跨江大作战,既要当先锋,又要护住和主力军队之间联系的生死浮桥,他的军事才华和战斗力显现得淋漓尽致。而曹彬,这位看似毫无功勋、冷静持重的主帅,在最后发挥了极大的稳定作用,攻城意味着人员的伤亡,意味着财产的破坏,而曹彬的冷静换来了个相对完整的金陵。这对于渴望财富的赵匡胤来说,十分重要。

而南唐方面,主战的大将不在少数,他们忠心为国,但伴君如伴虎,就算是水军大将,也逃不过一个小小的离间计,死在自己的君王手下,而后来不断提出抗战的将相官员都被拒绝,南唐就这样不断地错失了自己的生存机会。直到宋军来袭,直到金陵被围,直到这一切都结束,从此江南成了大宋的一部分。

三征北汉,未竟的事业

最后,赵匡胤积极地准备出兵,进攻北汉。前两次他进攻北汉,其中一次甚至是御驾亲征,但都没有啃下这块硬骨头。这第三次北伐,是赵匡胤在显示自己的实力,还是他从根本上认为北汉是大宋版图上必须有的板块,抑或他是为了证明自己倾尽所有也要拿下曾经让自己两次没有成功的这块土地,没有人知道。

但是,可以知道的是,赵匡胤确实没有按照他自己的行动规律来做事,以前,每当大宋消灭一个比较大的国家,他都会有两三年的时间来消化,解决当地的矛盾,处理当地存在的各种问题。发展民生,让那些土地上的子民从心中彻底归属于大宋。

但这次刚刚平定江南的大国南唐之后不到半年,赵匡胤就要出兵北汉了。所有的人都知道,当时的北汉已经到了国弱民困的地步,不再是一个富饶或者强大的国家,占领北汉的好处远远没有南唐带给北宋的礼物实在。要攻打北汉实际上就是与契丹为敌,对于当时宋朝的人民来说契丹的威名即使没有亲身体验,但也都有所耳闻,而赵匡胤真的准备好对战契丹了吗?

历史就是这么不可捉摸,在赵匡胤推动历史的进程中,总有一些是他也不能控制的部分。战争一旦开动,人就会失去理智。对北汉的征讨,从赵匡胤枕边不容他人酣睡的个人心愿迅速变成了宋朝朝廷甚至百万子民的共同心愿,一切都那么顺理成章,人人都知道北汉不堪一击,人人都知道,北宋必胜的结局。

976年的阴历八月,赵匡胤终于下达了北征的命令,这是他第三次挥师北上,这一次赵匡胤命令侍卫马军都指挥使党进作为河东道行营马步军都部署,徽北院使潘美是都监,虎捷右厢都指挥使杨广义是都虞候,郭进是行营马步军都临,此次北伐兵分五路:第一路由郝崇信、王政忠出兵汾州;第二路是阎彦进、齐超等部出兵沁州;第三路是孙晏宣、安守终出兵辽州;第四路是齐彦琛、穆艳章出兵石州;第五路是郭进率兵出代州。五路军队齐头并进,进攻太原。

这一次,宋朝和前两次比起来,国力更雄厚,兵力更强大,战将更加轻车熟路,宋朝用的是百战精兵,承接着平定江南的虎狼之势力,打算一举攻下太原城,彻底攻占北汉。北汉的刘继恩现在已经无法振作兵力了,他集结了为数不多的守城部队,向契丹发出了求救信号。

但是,现在的契丹和当年火速支援北汉的契丹已经不一样了,首先，它已经和宋朝互相通交了使臣，有日常的礼尚往来了。然后对于刘继恩的北汉，近年来已经没有什么油水可捞了。在这种情况下，刘继恩抱着一线希望向新任的契丹皇帝求助，希望他能够看清赵匡胤的真面目，帮助自己击退宋兵。

再看宋朝的出场大将，都是驻守西北边疆多年的老将，他们对进攻太原轻车熟路，有的甚至不止一次带兵杀到了太原城下，这样的任务对他们来说再合适不过了。其次，潘美、党进还有其他众将领，都是锐不可当的战将，他们如同锋利的尖刀，渴望着将北汉撕割成碎片，这场战争中赵匡胤派出的都是轻扬勇猛的战将，没有温和善良的曹彬。

当年九月，契丹也给北汉的刘继恩回应，契丹皇帝派出了南院宰相耶律沙、冀王塔尔带领契丹重兵前来支援北汉，援救他们于水深火热之中。

所有的信号都表明一场血战近在眼前，处于巅峰时刻的宋朝军队和刚刚从辽穆宗昏庸中解放和苏醒过来的契丹铁骑将直接交锋，两军对垒，生死难卜，北汉花落谁家也很难预料，这场战争的结局甚至可能改变历史的方向。那些在战场上杀红了眼的将士感到身上膨胀的血脉，那是大战前的兴奋和激动，那是对胜利的渴望，和对恶战的恐惧，每个人都处于一种被激化的状态，人人都在期待两个北方强国的终极对战。

就在所有的人都感到危险临近的时候，一个消息如同晴天霹雳，掀起了千层浪。这个消息足以震天动地，足以让数万宋朝兵将在瞬间僵住——他们的皇帝死了。那位英明神武、雄才伟略的帝王，不可一世的皇帝，那位在他们出征前还为他们送过行，本该还在开封的皇城里等着他们凯旋的皇帝，竟然离世而去了。

赵匡胤的突然死亡引起了极大的震动，首先是已经兵临太原城下的宋朝部队又硬生生地折了回去。遗憾的是，赵匡胤征战北汉的愿望，到死也没有完成，他在自己的雄兵猛将就要占领太原城，攻下北汉的时候，离开了人世。

赵匡胤终究是带着遗憾离开了这个世界，当初他决定在平定南唐这个大国之后第三次北征北汉，是为了让一场空前绝后的胜利来分散国内某个异军突起的力量对自己的威胁。没有人能够比拟的胜利，带着对大宋威望的无限提升，这样一个征战的胜利，能够帮助赵匡胤在对大一统无限渴望的人中提升自己的权威，使自己君临天下的霸道无人能敌。

但是，所有人都没有想到，这样一个英明的皇帝就这么悄然离世了，甚至他的死也成了千古疑案。如今，无论现代人如何地扼腕叹息，如何地绝望畅想，这个皇帝的死去都是截断北伐的原因。而他终究没有在宋朝的开国期间实现他一统天下的梦想。

后蜀、南汉、南唐、吴越甚至湖南地区，赵匡胤已经奠定了南方的版图，北方的北汉在两征未果之后，最后一次本已志在必得。而就在北宋军队空前强大的时候，因为一个人的突然死亡使历史的轨迹就这样改变了。这是命运的捉弄，又是天然的巧合，也是未来几百年内，汉民族逐渐走向自我毁灭之路的开端。

第四章

内忧外患

攘外必先安内

登上皇位后，宋太宗赵光义开始一步一步迅速而又有条不紊地治理天下。

首先是安内。太宗深知"攘外必先安内"，所以他先从整顿皇族开始。

赵匡胤的皇后再次被封为开宝皇后；赵匡胤的长子德昭被封为武功郡王，封永兴军节度使、京兆尹兼侍中，位列宰相之上；太祖皇帝的次子德芳由贵州防御史升迁至山南西道节度使，同平章事；赵氏的三弟赵廷美（为避讳皇帝的名讳，本来是匡美，后又是光美，再又是廷美）封为齐王、开封府尹兼中书令，位列宰相之上。

从即时起，赵匡胤和赵廷美的后代都享受和现任皇帝赵光义的子女们同等待遇，儿子们并称皇子，女儿们并称皇女，以显示兄弟三人存亡连体、永无二心。

如此大面积的加官晋爵，如此大范围地出让自己的利益，太宗连自己的儿子的未来继承权都无所保留。如此大方的他自然得到了他想要的东西——人心稳定。

诸位朝中高官，亦是人人有赏，就算是宰相这种没法再升的职位，都可附加上一些额外好处。

原来的宰相薛居正被加封为左仆射，沈伦被封为右仆射，卢多逊被封为中书侍郎、平章事，曹彬由枢密使加封了同平章事，楚昭辅由副枢密使升为枢密使，潘美虽征战在外也被加封为宣徽南院使，其他大大小小的官员都纷纷有赏，同时大赦天下。

京城政局基本稳定，但是太宗还没有到高枕无忧的地步。国内的大局还没有稳定，当时还有他不能控制的一股可怕力量。

这股敏感而且可怕的力量就像是导火索，随时都可能在这个非常时期被引爆，一旦发作，宋朝的天下会瞬息之间分崩离析，没有人能扭转乾坤。

这股力量就是军队。赵匡胤生前牢牢地控制着军队，除了他本人，大宋再无第二人能够调动这大宋的精兵强将。

掌握大局后，太宗开始了他的以文治国之道。

他先是把自己的名字改为"炅"，紧接着就改年号为"太平兴国"，表示要成就一番新的事业。

一切都稳妥之后，太宗才下令，宣远征军班师回朝。从北汉回来的潘美等人发现朝廷已经是另外一番景象。曹彬成为枢密使、同平章事,而楚昭辅则成为枢密副使。潘美等人唯有呜呼哀哉,悲叹与官运失之交臂。

军队被安定好后,宋朝全国都松了一口气,大局总算初步稳定。

此时的赵光义更加注重提拔和培养自己的亲信。在任职开封府尹的15年里,他趁职位的便利,组织了这股震荡大宋政坛的政治势力。那时他不断笼络人心,有意结交朝中要员,楚昭辅和卢多逊等人都在他的交往范围内。太宗即位之后,其幕府政客大多得到了升迁和提拔,逐步替换了太祖皇帝的重臣。同时,太宗还罢黜了一批开国宿将,如赵普、向拱、高怀德等人,大大削弱了这些老将的权力和职位。

不过太宗改革的首要措施乃是扩大科举取士的范围和人数。让很多身世平凡但是才华卓越之士入朝为官,为朝廷效力。太宗在位期间,朝廷取士人数众多,士子们一旦金榜题名,就能够青云直上,这些被太宗从平民中选拔出来的人才自然也感激涕零,甘心为太宗效犬马之劳。太宗即位后第一科"飞龙榜",让进士们走上了历史舞台。其中包括状元吕蒙正、榜眼李至、探花温正舒,以及王化基、臧丙、马汝士、王沔、张宏、陈恕、宋泌、吕佑之,还有张齐贤。这些人在宋朝的政治舞台上像黑马一样的迅速奔腾,他们中至少有四个人当上了太宗朝的宰相。其他人中知制诰、尚书这样的高官更是比比皆是。这样,太宗即把权力牢牢地掌握在自己手中,将整个朝廷逐渐变成服从自己的机构。

而重用科举士人的政策也获得了回报,太宗依靠他们做成了两件大事:第一,把全国所有州县的行政权完全收归中央;第二,迅速整顿钱币,规范金融市场。

宋太宗雷厉风行,皇权自唐中叶安史之乱后再次获得了至高无上的地位。

初见成效的以文治国之法,又刺激太宗下达了更多的政策——修书、修崇文馆。修书能够彰显一个国家和一个朝代对自己民族的交代,也体现了当朝国君的一种修养。太宗在977年初命令翰林学士编纂了《太平广记》和《太平御览》。修书完成之际，太宗又下令修崇文馆。从崇文馆的修建，可以看到太宗"扬文抑武"的决心。

经过各种变革和朝政措施，太宗的亲信大臣掌握了朝中大权，太宗的皇位也坐稳了。这之后，宋太宗收归了吴越、平定了北汉，然而在伐辽的"高粱河之战"中惨败。宋军的失利对以后与辽作战造成了不利影响。

宋辽边界战火纷纷

太宗"高粱河之战"的仓皇败绩还历历在目，其失败惨痛的伤疤还没痊愈，契丹人就出兵前来挑战了。

979年的阴历九月，契丹人以燕王韩匡嗣为主帅，率领南院宰相耶律沙、耶律休哥、南院大王耶律斜轸、耶律奚底等人，统帅契丹铁军南下，报宋军围攻幽州之仇。

宋太宗龙颜大怒。这是宋朝第一次遭受契丹人进攻，若不应战，好好收拾教训这帮契丹人，怎么对得起祖上立下的功绩？所以，宋太宗很重视这次挑战。

而前线将领也都拿出浑身胆魄，巧用诈降的计谋，给辽军主帅韩匡嗣送了一封言辞恳切的投降信。信里字字句句真情流露，道出了将帅的惊慌失措、怠倦厌战的心理，幽州惨败，兵力削弱，只能投降。韩匡嗣对比一番后，居然也相信了，于是决定受降！

韩匡嗣中计了，猛扑上来的宋军，以迅雷不及掩耳之势将韩匡嗣打败。宋军乘胜追击，契丹人慌忙之中撤往西山，但又遭遇了崔彦进率领的宋军。契丹军队逃到遂城的时候，已经损失兵力1万多人，丢弃战马千余匹，三个将军也被宋军俘获，遂城周围的百姓被宋军抓走了3万多户。只有耶律休哥早做了准备，此时率领本部兵马奋力抵抗，缓缓撤退，才最终逃脱。

宋朝迅速作出了反应，派出一位契丹人的宿敌出任代州兼三交驻泊兵马部署。其具体驻防地，就在雁门关。

此次胜利，宋军士气大振，太宗的忐忑心情也得到了稍微的舒缓。但是，辽国也吸取了此次战败的教训。更换了南面的统帅，耶律休哥正式替代韩匡嗣，此后，两国交战日益频繁而激烈。

雁门作为中原九塞之首，总领天下大势，起到了牵一发而动全身的作用。中原地区的历朝历代都派最强的将领把守雁门关。雁门关的地利天险也是兵家必争之地，太宗派出抵挡契丹的英雄是杨业。

杨业本是北汉名将，无论是交战宋军，还是迎击辽军，他皆表现出英勇不凡的气质，战功卓著。北汉降宋以后，杨业也被迫归降宋朝，由于杨业之前在北汉 30 余年的战斗经历，积累了丰富的戍边经验，所以当他归为宋军旗下，立刻便得到宋太宗的赏识。辽国也曾多次以荣华富贵诱降他，但都遭到了严词拒绝。最后杨业选择了敌对的宋朝，或许有其自身原因，因为杨业本身为汉人，宁可顺应天下，帮助中原一统江山，也不愿被外敌入侵。这是一种民族情结，也是他在太宗北伐的时候誓不投降的原因。

战争马上又要到来，上一次的大败使本想报复的辽国皇帝耶律贤大怒，于是立即又派出了十万大军，由辽西京节度使萧多啰与马步军都指挥使李重海统率，出幽州进攻汉地，进攻地点就选在了代州绝险雁门关。

这回可是真正的挑战了，在这绝险的雁门关，无论是埋伏还是诈降都不再管用，而唯一的办法就只有殊死力战。

980 年初，宋朝命潘美等部在雁门关布下重兵，以宋军精兵正面对抗契丹，杨业率领数百骑从西方的井陉出发，由小路迂回到雁门关北，准备伺机攻击。

潘美、杨业将帅通力合作，惺惺相惜，两人一样的强悍善战，一样的锋锐难当。当年雁门关下，血战代州，潘、杨南北夹击，一举击溃辽国十万大军，杀其领军元帅，生擒马步军都指挥使李重海，这绝对是一次大胜，打得契丹落花流水。

不过这次的大胜并没有给宋朝带来长久的安宁，好战的契丹人绝不能容忍一败再败，不久之后，契丹又来挑战了。

辽国皇帝耶律贤此次亲征北宋，北院大王耶律休哥为此次出兵的前部诸将，辽国倾尽精锐部队，要和宋朝决一死战。

消息传进开封城时，是980年的阴历十一月间，宋廷震荡。

此次开战，契丹已经吸取了上次战败的教训，避开了潘美、杨业和雁门关，他们将突破点大规模东移，选了幽州通往开封的要隘——瓦桥关。也就是当年周世宗从契丹人手中夺得雄州地区。

太宗迅速根据形势作出部署，命令边境上所有驻地将领不可轻举妄动，随时戒备契丹的攻击。然后，调兵遣将，向雄州集结兵力。命令杨重进、毛继美等人率军驻扎屯关南，蔡玉济、上党陈廷驻扎定州，卢汉氾驻守镇州。

至此，宋辽边境战火重燃。这年十一月初三，赴援的宋军刚刚到达瓦桥关之南，正准备渡过关南水路，进抵城下，就遭到了辽国人的突袭。不得不说辽军掌握了非常好的时机，宋朝的守城部队和援军虽然隔河相望，但是两无依靠，契丹部队围攻瓦桥关，宋军成了两支被彻底隔离的孤军。

瓦桥关的守将叫张师虽勇，无奈不敌辽国攻城的主将——北院大王耶律休哥！张师战死沙场，他的兵及时退回瓦桥关里，把门户守住。

至此，耶律休哥的攻城似乎告一段落了，瓦桥关还在宋军的手里，除非他硬攻，但是河对岸就是宋军的援军主力，弄不好会腹背受敌。而这正是耶律休哥计算的精妙所在，他不攻城，但牢固镇守瓦桥关，并且以此威慑对岸的宋军，让他们不敢妄动。

十一月初九，耶律休哥率精骑渡水，强攻对岸宋军，宋军大败，一路败退，直到莫州。耶律休哥大获全胜。

面对节节败退的宋军，太宗决定倾力一搏，所以十日宣布御驾亲征，迅速集结京师的精锐部队，以最快的速度赶往前线。这个时候瓦桥关已经被攻克，契丹军队已经到了莫州，中原百里一片坦途，没有任何阻碍，契丹几乎可以长驱直入。宣布御驾亲征后的太宗当天就启程奔赴战场，那时莫州守城的宋军正不顾一切地集结兵力，主动挑战辽军，但并未挽回败局，宋军大败。

太宗以最快的速度赶往莫州，此战关乎社稷安危，宋辽两国皇帝亲征对战厮杀已无可更改。但不知何故，当月的十七日，契丹突然退兵，没有任何征兆，他们一路北退，没有生事，二十六日就退到了幽州。

契丹退兵，宋朝兵士总算舒了一口气，于是太宗班师回朝。一路上，将士们欢呼胜利，为皇帝的勇猛欢呼雀跃。这场战争的不战而胜无论是侥幸还是太宗御驾亲征的威慑力，总之，宋军凯旋。

真宗即位

997年三月，宋太宗因为箭伤发作而终。此时，赵恒是太宗钦点的太子，理应登基为帝。但是后宫的皇后李氏和宦官王继恩却私下勾结，想要扳倒太子，他们的理想人选是已经被太宗贬为庶人的赵元佐。

李皇后多年来一直偏爱元佐，但她由于常年处在深宫之中，没有本事左右朝政，所以这场太子风波的发动者是王继恩。在太宗时期深受恩宠的大太监王继恩担心一旦太宗逝世，自己便失去了权势，而寿王是太子，既定的王位继承人，若拥护他为帝，这是自然的事，但是若选元佐而替之，元佐肯定会很感激他，这样岂不是对自己更有利？

在病情加重的时候，远见卓识的太宗皇帝已经开始着手巩固太子的地位了，他将吕端推到了众人的视线之中，上演了一出辅助太子即位的戏码。

吕端当上宰相的时候已经年过60岁，而且在启用吕端之前，太宗还专门写了《钓鱼诗》，自诩为周文王，将吕端比作大器晚成的姜子牙，这显示出太宗对其寄予厚望。

吕端确实不负所托，将针对太子的宫廷政变消灭于无形之中。

宋太宗病重之时，吕端进宫中探望，发现赵恒不在太宗旁边，当时就担心宫中可能有不测。他立刻在笏板上写了皇帝病危的字样，派人给赵恒送去,要赵恒速速到榻前伺候太宗。没过多久,太宗就驾崩了。那时王继恩进来告诉吕端,说李皇后召见宰相,请吕端到中书商议新皇帝即位的问题。

吕端虽然明白这话外之音,但是佯装不知,故意告诉王继恩,太宗已经提前写好了遗诏,放在书阁之中。还要王继恩和他一起去寻找出来,看先帝到底要谁继承皇位。王继恩听了吕端的话非常紧张,想要自己先找到遗诏,然后将它偷偷毁掉。

王继恩迫不及待地抢先走进书阁,结果被吕端反锁在书阁里。王继恩这才醒悟过来,他中了吕端的计,可惜为时已晚。于是吕端火速到了中书政事堂。李皇后看见吕端一个人来了,就直接问,自古都是年长者即位才合乎祖训,现在谁最应做皇帝?她的意思是应该由元佐即位。吕端义正词严地回答,先帝将赵恒立为太子,就是为了现在,不能再有异议。李皇后没有得到王继恩的支持,在吕端的凛然回答之中惊慌失措,也就不再说话。

太子赵恒顺利到福宁殿继承帝位,却于帘后见文武百官。吕端又担心此时是有人假冒赵恒,硬是不拜,上奏卷帘,确认是真太子赵恒之后,才回到大殿之下,率领着文武群臣参拜新皇。

吕端没有费一兵一卒,将这场可能掀起腥风血雨的宫廷之争化为乌有,太子赵恒顺利地成为新皇,也就是宋真宗。

太宗长子元佐自始至终没有参与此事,甚至毫不知情,而且他是真宗的亲哥哥,并没有受到牵连。真宗恢复了他的楚王爵位,赏赐有加。元佐却不再与真宗见面,一生清高自傲。

吕端在真宗即位的时候立下大功,因此备受信任。吕端生病,真宗都要去他家中亲自探望。吕端66岁的时候因病去世。真宗赠他为司空,谥正惠。

赵恒性情温和,他即位之后就下旨恢复了赵廷美的秦王爵位,追赠德昭为太傅,德芳为太保。

真宗的做法和其父赵光义的做法背道而驰,但是,他这样做就是为了"安反侧，释宿怨"。真宗希望自己可以整治纲常，消除太宗的不良影响，让一切重头再来。

同样，这时宋朝的本质也已经发生了一个翻天覆地的大变化。

宋太祖确立了宰相的三权分立，军、政、财鼎立，宰相无法专权，宋太宗不断更换宰相，更加削弱了相权。

但是到了真宗时，情况变了。吕端在首相的基础上又加封为右仆射，真宗对他也是毕恭毕敬，每次见面，无论何种场合，真宗都会站起来对宰相作揖行礼。

另有两位参知政事副宰相即李至和李沆，地位也很尊贵。宋朝的宰相们又大权在握了。

真宗即位之初也想为自己树立威信，收拢民心。他非常清醒地认识到，除了奖励亲族、大臣们之外，更要对老百姓们施以恩惠。可是该如何做成了一个难题。此时真宗身边的王钦若开始发挥作用了。

当真宗还是皇太子、开封府尹的时候，王钦若曾对他有救命之恩。

至道二年，赵恒刚当上皇太子不足半年，开封府下属的17个县都上报旱灾严重、颗粒无收。赵恒仁慈，下令免税，但是有人进谗言，说太子此举是收买人心，而灾情没有那么严重。

太宗立刻着人调查，赵恒心惊胆战，因为就在半年前，太宗已经表现出对他的不满。现在若说他收买人心，无异于火上浇油。

负责调查的官员核实了灾情，还了赵恒清白，王钦若即是负责调查的官员之一，赵恒当时已是对他感激不尽。

此时王钦若为真宗献上了锦囊妙计。真宗立即采纳了他的意见，下令在全国范围内免收那些没有交足的赋税，释放因此关押的犯人。

如此一来，百姓感恩，而朝廷也未消耗一分一毫，却收拢了最为宝贵的民心。接下来事情按部就班，真宗开始组织自己的领导集团，以及施政纲领。

国家大事不过是军、政、民、财四个方面。军政要稳，他依靠宰相和参知政事决策大事，而对于民和财，真宗自有主张。

政治已经改革重组，位居高位的都是些德高望重的人，如吕端、李至、李沆等，这样的组织稳定而高效，足以安定天下。

军队方面，真宗将曹彬官复原职，重新成为三军统领，而曹彬的威望和资历都足以安抚军心。

民政方面，真宗即位不久，就下诏"国家大事，足食为先"。而且他努力践行自己的诺言，制定了"预买绢"的政策，每年春天都会由国家贷款给农民，秋收后再还。这样在开始得到了农民的拥护。

财政方面，宋朝的钱粮管理部门称为"三司使"。一种解释认为，是说盐铁、度支、户部三司的总长被称为三司使，还有解释认为，三司每个部门都有一个领导，三司使就是盐铁部使、度之部使、户部使三位"使"。

真宗根据需要浮动政策，将发展的中心放在民生和经济上，三司权力收归一人，可以灵活调用，三司地位也有所提升，仅比东西两府小半级，宰相或者枢密都无权过问三司事宜。

真宗开始开源，但是更注重节流。宋朝的绝症被后人总结为"冗兵、冗吏、冗费"，从宋朝建国就朝着这个方向发展，到了真宗年间，这个局面已经形成。真宗开始大规模裁员，三四年时间，裁撤官吏就达19万多人。

这些不过是真宗治理国家的几个具体的任务，但窥一斑而见全豹，真宗正以自己的方式尽心尽力地投入治理好大宋朝的事业中去，正如东升的旭日，徐徐上升，而且尽力地释放自己的能量。

澶渊之盟

到了1004年秋，宋朝的国内政局发生了些许变化，"圣相"李沆病逝。真宗开始给帝国选宰相。因为在李沆死之前，"暴中风疾"的吕蒙正也顶不住了，他的政治生命已经被迫终结。这时的宋朝面临着内忧外患，选相一事刻不容缓。真宗遍览当下的几位参知政事以及枢密院的长官，冯拯、王旦、陈尧叟、王钦若、王继英……似乎都有所欠缺，不是合适人选。

最后真宗定的人选是毕士安，毕士安是代州云中人，之前他从进士做到地方官，然后调到京城，历任开封府尹和翰林学士兼秘书监。此人以仁德闻名。真宗曾问他："想要你当宰相，主持政事已经不是三天两天的想法了。现在天下正值多事之秋，你认为谁可以当你的助手？"

毕士安却说："宰相的位置必须有才华的人才能胜任，我本愚笨，不能当此重任。寇准忠贞正直，性情刚烈，而且能够谋断大事，他才能担当宰相的职位。"

真宗立马回绝，因为他觉得寇准太刚烈任性，恐怕难以服众。

但是，毕士安为寇准力争，他说寇准刚正不阿，正义凛然，能够舍身殉国，只有这样，才能秉公执法，去除当道奸邪小人，之所以有众多流言指向寇准，是因为他正气浩然，才高八斗，被人忌妒。如今的国事繁多，皇帝的仁德能够惠泽国内，安民富国，但是边境外敌猖獗，这刚好能够让寇准施展才华。

真宗最后采纳了毕士安的意见，不过因为觉得毕士安素来仁德，应该出任宰相，就让毕、寇二人都出任宰相，而毕士安兼修国史，是首相，寇准做毕士安的副手。毕士安胸襟开阔，以大局为重，立相之事与他自身利益切实相关，但他能站在国家的立场冒险力保寇准，足以说明他是能够考虑全局利益的人。

为了能够让寇准顺利坐上宰相之位，毕士安的办法干脆利落，第一步就是把诬陷寇准、报案的申宗古扔进大牢，严加审问，史称"具体奸罔"。把内幕弄清之后，他却没有追究，直接上报给皇帝，然后下一步，就是把这胆大妄为的平民绳之以法。

就这样，寇准终于平安无事，并保住相位，这多亏了毕士安的庇护，才让寇准有机会建立功绩，青史垂名，并为宋朝子民带来了百年的安宁。

真宗景德元年闰九月，契丹国主和萧太后进攻宋朝。契丹的先锋萧挞凛率领着二十万大军已经越过了瓦桥关，攻下高陵，直抵澶渊，契丹部队已经要越过黄河，直冲中原而来。宋廷惶恐不安，众位大臣为是战是降争论不止。真宗万分焦急，问各位宰相该如何处理。宰相和议之后，认为皇帝御驾亲征是最佳方案，但是真宗迟迟不肯动身，他一直在犹豫。

边防告急的书信一夜之间就成堆叠放了，寇准扣住告急信，泰然自若。真宗忐忑地召来寇准，问其对策。寇准直接告诉真宗，只要他直接到澶州督战，一定会令守城将士士气大振，到时候战争就会迎来转机。但是王钦若和陈尧叟却力主让皇帝尽快逃跑。王钦若和陈尧叟都与寇准平级，此二人一个是参知政事副宰相，一个是枢密副使。他们对契丹的进攻意见一致，都是请求皇帝逃跑，一个请皇帝逃到成都（陈尧叟的老家），一个请皇帝到金陵（王钦若是江南人）。

这个提议看起来没有道理。宋朝开封城内还有数十万禁军，河南河北只不过是战况激烈，但是还没到全军溃败、不可制止的地步。只是宋人已经惧怕战争、惧怕契丹人了，而这次契丹出动雄兵二十万，对宋朝的威胁极大。真宗在位期间，从未出现过这样的事情，而现在河北被契丹占领，河南甚至开封都受到契丹威胁的局面是大宋建国以后从没出现过的危难形势。但是真宗并没有采纳逃跑的建议，他终于下定决心披挂上阵。

其实真宗是在寇准、高琼和将士们的催促下，被逼无奈，才决定动身到澶州去。真宗一登上澶州北城门楼，将士军心大振，立刻反攻辽军。此时，辽军三面围城，宋军就在要害处设置弩箭，辽军诸主萧挞凛带兵察看地形时，进入了弩箭阵地，萧挞凛中箭身亡。辽军见到主帅阵亡，立刻溃散逃亡。

萧太后得知此噩耗，心痛不已，也开始恐惧宋军的战斗力，而宋真宗御驾亲征率领的部队也马上就到城下，萧太后知道再也无力对抗宋军，只得求和。萧太后下令暂停攻城，虚张声势震慑宋朝守军，而实际上在准备议和。

寇准反对议和，认为如果辽国想要议和，除非他们对大宋称臣，并归还幽州之地，以此保宋朝百年平安。寇准的意见并未被采纳，真宗一心求和，他派使者曹利用到辽军答应谈判。曹利用出城之前，真宗还叮嘱他，如果要赔款，即使每年100万两也要答应辽国的要求。

寇准在旁边听了很痛心，便趁曹利用离开行营时紧跟其后，一出门，一把抓住曹利用的手说："赔款数目不能超过30万两，否则回来的时候，我要你的脑袋！"

曹利用深知寇准的厉害，便小心地与辽人商议，终于把合约签订了下来，他回营禀报真宗：

宋辽约为兄弟之国；

辽圣宗称宋真宗为兄，宋真宗称萧绰为叔母；

宋每年给辽银十万两，绢二十万匹，称作"岁币"；

双方罢兵，各守旧疆！

真宗听罢，顿时神清气爽，心中的大石头终于落地，认为曹利用做得很好，以很小的代价便换取了和平，对曹利用说："曹卿家不辱使命，回朝后朕自有重赏。"

这便是历史上鼎鼎有名的澶渊之盟，对于长期所向披靡的中原王朝来说，这是一个转折，号称强大的大宋王朝，却被契丹族如此压制，拱手相让自己的土地，而且与其约为兄弟之国，并且岁岁纳贡。

"各守旧疆"的盟约令宋太祖和宋太宗魂牵梦萦的燕云十六州合理合法地成了辽国的领土。获得燕云十六州，敌方骑兵便可在华北大平原上直趋南下，从真定至东京，宋朝将无险可守。

从战争的进场看，真宗也明白，宋朝是不战即败，但是，他不愿意反击和作战，他在为国计民生考虑。

从此，宋朝都以发展经济，改善百姓生活和进行文化建设为主要任务。此时的宋朝商业发达，农耕业发展，科技也不断进步，北宋看起来国富民强，一片歌舞升平的太平景象。

富足和闲暇的生活让大宋上下都对军事力量的发展产生了懈怠，

武将的地位一落千丈，文臣则青云直上。

第五章

宋夏交锋，逐鹿疆土

党项吐蕃之战

党项和吐蕃纠缠往复了上百年，却一直难决胜负，而强大的河湟吐蕃更成了党项的心腹大患。这一次，李元昊发现了一个千载难逢的机会，可以一举歼灭河湟吐蕃，奠定党项的千秋伟业。这样的机会往往不是内部力量的突然猛增，而是来自对方的突然松懈或突然元气大伤。

宋景祐二年（1035年），吐蕃宰相温逋奇突然发动政变，将唃厮啰赞普及其手下一并关进牢中。吐蕃内乱，而且是赞普和宰相内讧，这样的机会实在千载难逢百年不遇，李元昊立刻抓住时机，派出两万五千铁骑由大将苏奴儿率领，杀赴吐蕃，万务毕其功于一役，彻底消灭吐蕃。然而没多久传来的不是捷报却是噩耗，就在进攻吐蕃的第一天，猫牛城下，苏奴儿全军覆没，连他自己都没逃出来。

这一切发生得也太快了，大大出乎李元昊的意料。后来才传出消息，原来政变没多久，唃厮啰就被看守他的卫兵偷偷放出。唃厮啰只身出现在民众面前，振臂一呼，说："我是赞普，大家跟我来！"于是一呼百应，吐蕃百姓真的揭竿而起纷纷跟随，宰相温逋奇轰然倒塌。这就是吐蕃的赞普，他的威力绝非皇帝可比，在吐蕃人眼里就是神的化身。于是苏奴儿满心欢喜一厢情愿地以为会出现的内乱根本就没有，反而吐蕃人在新赞普的领导下个个斗志昂扬一心杀敌，立马将党项人杀个片甲不留。"

消息传来，李元昊深感颜面受损，于是决定倾全国之力，率军队亲征吐蕃。然而进攻的速度远不如他想的那样迅速，正如吐蕃远不如他想的那样不堪一击一样。党项军在猫牛城下围攻了一个多月，却没有丝毫进展，眼看着损兵折将贻误战机，李元昊心急如焚，无奈之下，他派人向吐蕃人提出议和，要实现西夏和吐蕃的和平共处。自信而骄傲的吐蕃人竟然相信了，因为他们觉得党项人在城下已经丢下了3万具尸体，久攻无效，求和是最好的出路。于是爽快地答应了。吐蕃人太天真了，他们消息也太闭塞了，根本不知道党项的起家和发展靠的就是这样的阴险狡诈，从李继迁到李德明从未改变，到李元昊了更是变本加厉，损招层出不穷。

于是，老实的吐蕃人打开城门，准备美酒，准备烹羊宰牛祭天为誓。然而迎接他们的是党项人的刀剑，党项人杀了过来，猫牛城陷落。首战告捷，李元昊指挥党项士兵马不停蹄地攻陷了吐蕃前王城宗哥城，越过带星岭，直指吐蕃赞普的最新根据地青唐城（今青海西宁）。在李元昊看来，战争的结果已经明了，更可喜的是唃厮啰竟然主动配合，龟缩青唐城，并且把自己在吐蕃各地的精兵全部聚拢在鄯州（今青海西宁境内）挡在自己面前，明显的怯懦偷生，李元昊大喜过望，却并未被胜利冲昏头脑，在率军渡过宗哥河的时候，他命人在河的浅水处立上标识，这样不管胜利或者失败，总有退路，如此冷静，不愧为大将风范。

猫牛城的攻坚战再次上演，鄯州城集结了吐蕃最精锐的部队，再加上身后赞普的巨大号召力，这个堪称吐蕃党项决战的战役打得旷日持久，因为党项再也不能故伎重演了。战争消耗时间之长远远超出了李元昊预料，整整200天虚耗在鄯州城下，吐蕃人坚壁清野，鄯州城久攻不克，李元昊开始意识到问题的严重性了，漫长的战争补给线已经疲惫不堪了，再不退兵，恐怕真要葬身吐蕃了。

看着久攻不下的鄯州城，李元昊也只能悻悻然离开，带兵来到了宗哥河，然而万万想不到的事情发生了，党项大军正要渡河，背后突然有近十万精兵掩杀过来，这分明不是鄯州城里的追兵。仓皇之下，党项士兵哪里有心应战，赶快渡河为妙，争着要从那曾留下的浅水标识处渡河，然而那些标识早被吐蕃人悄悄移动至水深处，这时出动奇兵攻击，简直就是逼迫党项士兵跳水自杀。

这一次李元昊竟然侥幸逃脱，看着宗哥河中漂浮的数万士兵，还有数不清的粮秣辎重，李元昊心痛不已，他到底小看了吐蕃，有着十万精兵，唃厮啰却始终不用，目的就是在此一击啊！往往就是这样，名声和威望、地位和声誉都是打出来的，用几近残灭的方法缔造出来的。这样一次近乎全军覆没的教训给党项人的印象实在太深刻了，党项人从此很难再有勇气对吐蕃发动进攻了，他们发现了自己的家底和传统，也不得不正视吐蕃的强大。

于是，直到唃厮啰去世，党项再未敢对吐蕃发起进攻，河湟吐蕃简直就是天生的党项克星。李元昊善于进攻，长驱直入风风火火，战争的速度和胃口惊人；唃厮啰却是善守，从他隐忍夺回赞普到取得鄯州之战的胜利，无一不体现着他坚毅的性格，他从不去主动惹人，却总能绝地反击，将惹他的人打得一塌糊涂。有这样的人屹立西部，是党项人的噩梦，却是遗留的中原子民以及回鹘人的福音，只要有这种均势，就会有和平，就能遏制住党项进攻大宋和大辽的步伐。

然而吐蕃人的痼疾再次上演，与百余年前的致命危机一样，吐蕃再次分裂，而且这次更加致命，没有人敢反抗的唃厮啰竟然被自己的儿子背叛。两个儿子野心勃勃，逃离了青唐城，各自拥兵自重。做得最绝的是二儿子磨毡角，竟公然默许自己最好的谋士将自己女儿嫁给了李元昊的儿子。

这是公然的叛国投敌，公然的认贼作父。如果在汉文化的背景下，必定又是一场大乱，皇帝亲征，自己儿子又能如何，照样征伐抓来杀掉。然而这里是吐蕃，他的赞普没有动用自己的不世权威前去征讨，而是主动后撤，带领自己的人马将自己苦心经营多年的王城青唐城让出，自己主动后移，一路跋涉迁移到了历精城。一世英明的赞普做出这样的举动到底是出于什么样的原因已经无法考证了，是为了吐蕃的和平发展还是为了残存的父子之情，抑或他确实已经糊涂了？不管如何，天赐良机掉在了李元昊的面前，战场的主动权就此被唃厮啰浪费掉。

历史往往就是这样，除了某个英雄人物的强大剽悍，机遇往往起着无可代替的作用。如果生不逢时，纵使再强大，却也只能处处碰壁。联系辽的建立时耶律阿保机的运气、大宋建国时赵匡胤的好运以及后来金的兴起、铁木真的横扫无敌，无不是因为那些曾经强大的敌手各个承平日久，早已没了昔日的威风。

朝堂之争

命运女神眷顾的表现，并不一定是自身有什么大的发展，比如天降英才，比如物产丰收等，对于当时宋辽鼎足的局势来说，处于夹缝中的党项自身不出问题，而辽和宋都自顾不暇，这可以说就是最好的时机了。大争之世，最终能否取得胜利、一统天下，其最重要的决定原因可能并不在于做对了多少件事，而在于做错了多少件事，失误越少，最终的胜算越大。

对于党项和唃厮啰之间发生的事情，宋朝是知道的，但也仅仅只是知道而已，并没有采取什么实质性的措施，最多就是来个有名无实的册封，让唃厮啰在西北边疆的位置节节攀升，达到了节度使的级别，但这又能如何呢？

李元昊根本没把这些宋朝分不清支持或反对的暧昧的态度放在眼里，在景祐三年（1036年）七月，范仲淹第三次离开京城的时候，李元昊已经开始漠视吐蕃的存在，并且连续攻占了瓜州（今甘肃安西东南）、沙州（今甘肃敦煌）、肃州（今甘肃酒泉），至此真正实现了国土内的统一，积蓄着不可一世的力量。

宋朝这种视若无睹的态度，究其原因，一方面由于宋朝对于和平的向往，因为只要有和平发展的环境，只要没有扰乱经济发展的征战，宋朝就能充分利用和平的间隙提高自己的实力；另一方面这种和平让宋朝尝到了甜头，他们也就更希望和平，更想享受富贵的生活，所以尽力避免战争，此外宋朝皇室纷繁庞杂的家务事也使朝廷焦头烂额、头疼不已。

先是丧事，十一月赵祯的养母杨氏驾崩了，这几乎算是唯一让赵祯享受过母爱的女人，赵祯自然伤心欲绝，下令厚葬，标准只比当年的刘太后稍差一些。十二月，枢密院也出了缺，李谘驾鹤西归，当年征战党项的王德用取而代之。这些新旧交替倒无关大局，真正有影响的是朝中大臣的争夺，这会使朝中众臣无心政务，很容易扰乱朝纲。

比如两位首相大人王随、陈尧佐，一到朝堂之上便要争个先手，到底谁大谁小、谁先谁后。论年龄资历，陈尧佐自然在前，他比王随大10岁，又是所有进士的前辈，然而皇帝当年的诏书里是王随在前，为了位次先后，二人见面就生气，生气就生病，生病就告假，当时人戏称"中书翻为养病坊"。更让人头疼的是，虽然孔夫子反复强调，人年老的时候要戒贪，然而高居相位的重臣们往往对这些教诲充耳不闻，处心积虑为自己的儿孙求肥缺、求荫封，一时间令仁宗皇帝焦头烂额、无计可施。

然而仁宗不愧是仁宗，不但都答应了，还做了另一件举世震惊的事。他看到很多士子连年考试，头发都花白了、人生都荒废了还有很多没有考中，于是特下诏书，如果考试过了一定次数，而且年龄也过了一定年限，就可以免试直接做官了。圣旨一下举国的举子欢欣鼓舞，不论考前是否准备充分，都去参加科举，积累考试次数。考生人数的节节攀升令赵祯也感到了恐惧，于是景祐四年（1037年）严厉了一次，结果陈尧佐的儿子、韩亿的4个子孙全部命中，这让天下士子极为不满。而皇帝处理的方法更为草率，下次科考，直接陈、韩两家的亲戚门生无论好坏全部降级，本来平静的科场一时间风云变色。

景祐四年（1037年）的五月，皇子诞生，赵祯得知了这个好消息也很高兴，可是未料皇子降生当日就夭折了，皇帝的心情一下子从天堂到地狱。接下来又是河东地震，死者过万，伤者无数，地震的威力古今同一，但是古人会把地震这样的自然灾害理解成上天发怒，是因为朝堂之上发生了太多伤天害理的事以致上天震怒，降以惩罚警戒。

于是言官们集体上书，矛头直指那些争权夺利、内斗不断、徇私舞弊的老臣们。在一边倒的弹劾声中，有一个人值得关注，这就是韩琦，他的职位是知谏院右司谏，一个真正的大人物，而且带有不少的传奇。据说他当年科考的时候，临近交卷，却不小心打翻了墨汁，染污了答卷。在科举考场之上，临近交卷之时，几天的心血突然毁于一旦，换作一个稍微激动的人，都会俯卷而泣，泪水滔滔，然而时年只有18岁的韩琦出奇的淡定，让人又拿了些纸来，大笔一挥，赶在交卷之前将所有的时文论政及诗词歌赋全部重写一遍，发榜之后竟然还高中一甲进士第二名。除了自身超强的能力外，上天仿佛对他颇有眷顾。金殿唱名，刚刚读到韩琦，司天监太史就冲了进来，说外面天上五彩祥云托日，大吉，预示着国家要有贤臣。

此时的韩琦坐在以前范仲淹所在的位子上，右司谏的职责尽到身前。他把王随、陈尧佐、韩亿这些老臣们相互倾轧争斗、以权谋私等罪行一件件抖落清楚，就开始反问皇帝，您难道要将祖宗留给您80多年的基业托付给几个庸碌之臣，让他们毁于一旦？并且提议皇帝把他们全部免职，另找能臣忠臣贤臣来代替，而且专门列出了这些臣子的名单，毫不客气，毫不含糊，毫不畏惧，完全是韩琦作风。

然而赵祯已经不再是当年的小毛孩了，他有自己的想法，韩琦的雷厉风行并不一定就能换来皇帝的一个"准"字。韩琦弹劾的老臣虽然被皇帝注意到，免职养老或者外调，但是他推荐的能臣贤臣也没有得到任用，这就是赵祯的脾气，也是皇帝想要的面子。

处理完朝堂上的倾轧斗争，皇帝决定祭天祈福，于是仁宗朝最盛大的郊祀大典拉开了。其排场之大，令人咂舌。首先召集众臣群策群力，将祭祀所要用的规格、礼仪、法器一一列出准备，然后各个职能部门开始告诉运转，车服、御马、旌旗、衣冠、饰物、乐器、法器一一预备妥当,并且还要按照事先编制好的《大驾卤簿图》天天操练,确保万无一失。

果然,郊祀那天真的是场面浩大,气势恢宏,各项工作按部就班有条不紊大获成功。赵祯更是当场宣布他要改元"宝元",这一年即"景祐五年"即成为"宝元元年"。时间实在是太相似了,当年赵匡胤也是在乾德六年(968年)的十一月,改元开宝,自此成为一代明主,开一代盛世,看来仁宗也是想奋发了。

更高兴的是,礼仪之大四海宾服,连一向桀骜的李元昊都派人送来贺表,然而打开之后,宋朝君臣愣住了。开篇李元昊即开始追溯自己的历史和血脉,说自己有后魏的皇帝血统,"臣祖宗本出帝胄,当东晋之末运,创后魏之初基",接下来吹嘘自己英明威武,也是四族臣服,于是音乐、文字、衣冠、礼仪等都改弦更张,于是就顺应天意也在十一月建坛拜天,登基皇位,希望大宋能够成人之美,双方都做皇帝,和平共处,保持沟通交流,开拓新局面。

李元昊先斩后奏,事先未曾告知宋朝便擅自称帝,是可忍孰不可忍!一直装聋作哑的宋朝君臣终于愤怒了。

荣耀三川口

1039年十一月,秋风猎猎,李元昊率军直奔延州境内的保安军。首先杀向宋军的是"五头项四十溜人马",就是本来投降宋朝的那些党项熟户,他们总共有五个头领四十溜的人马。这些人太明白宋军的习性了,觉得宋军贪图享乐,懦弱骄横,于是一开始便争先恐后扑了过来,妄图吓到宋军将士。

然而当天的战斗成了西夏人的噩梦,保安军蜂拥而出,不顾一切地冲击,将这四十溜人马冲杀得不成样子,尤其为首的一个披散长发,头戴青铜面具,勇猛无敌,这员猛将一直困扰了党项人近四年。他叫狄青,面有金印,是个"贼配军",却在后来成就了一段铁血传奇,成为西北边境的宋军之胆。

初战失利，李元昊并不气馁，打马回转，决定去承平砦碰碰运气。这次他不再派这些所谓的头项，而是自己的三万铁骑。砦通寨没有城墙，仅仅是一些栅栏营垒，如何能敌三万铁骑？然而让李元昊惊讶的是里面的宋军竟然像保安军一样冲了出来，而且仅仅只有1000人！这种勇气和魄力效果立显，党项被迅速击溃。然而他们并没有乘胜追击，依旧在砦外列阵，他们在等待刚才措手不及的党项人回来。果不其然，党项果然重新集结缓步回来，宋军沉默迎战，结果这时党项铁骑骚动，阵中前出一人，开始骂阵。结果被宋军将军一箭射中嘴巴。宋军开始集结施压，准备迎接党项人的冲锋，然而等来的是对方的溃退。

事后得知，原来此时承平砦中主将竟是东京殿前司指挥使大名鼎鼎的许怀德。承平砦不算大，然而李元昊围攻了整整六天，死伤累累，却丝毫没有进展，只得撤退到横山以北。原来在他围攻承平砦的时候，宋军他路已经以围魏救赵之计开始反攻党项境内。

第一次接战，宋军无论是攻还是守全都处于上风，消息传来，举国欢腾，而李元昊也开始重新对宋军进行估算了，在估算之后他便开始重演故伎。

宋宝元三年（1040年）初，西夏派来了使者，向宋朝求和。鄜延路的最高军政长官范雍十分高兴，他是个文官，从自己所接受的教育来看，当然应该宽容地接受和谈，蛮夷嘛，一时糊涂犯下小错，现在教训之后知错能改，天朝上国自当包容。

胜利者的仁慈开始出现，他让使者告诉李元昊，只要表示出投降的诚意，复合是很有希望的，接着又厚葬那些战死的党项士兵。然后就有大批西夏人过境投降，希望能够定居于鄜延路军事第一重地金明寨。其实他的守将李士彬也是党项人，但父子皆为宋军，忠诚可靠。金明寨有守军十万，号称"铁壁"，李士彬更是被称为"铁壁相公"。其实说他铁面相公也没错，突然有这么多西夏人想来投降，李士彬想都没想直接拒绝，他想将这些人直接分到内陆，化整为零，不管其中是否有诈,一旦分散之后也就兴不起什么波澜了。但他没有这个权限,就上报范雍。范雍大笔一挥,竟然同意了。

范雍的做法实在是文人式的纯良天真,然而更想不到的是李士彬竟然也同意了!他太过自信了,两代守城的自信和开战初李元昊流寇般的表现让李士彬对李元昊充满了鄙视。不就是些叛逃的边民吗?还能折腾出些什么,然而战争的成败甚至身家性命往往就输在一个疏忽大意上。

转眼新年到了,李士彬仍然很谨慎,坚持在新年巡军,并在晚上住在黄堆寨,看起来一切正常平安无事。然而警报在第二天凌晨响起,他凭直觉骑马迎战,却发现那是一匹劣马,而不是自己骑惯的良驹,一代名将就这样冤枉地成了俘虏。他坐拥十万精兵,却没能接战就一败涂地。直到被俘,他才发现自己的对手原来就是当年那个摇尾乞降的李元昊,他被自己的自信蒙蔽了双眼,被那些所谓边民给出卖了。

然而名将就是名将,临危不乱,在被捉前,他让自己的心腹部下带着自己的妻子母亲逃往延州,同时并向范雍报告军情,金明寨失守。他的妻子和母亲奇迹般地在混乱中逃出,奔驰200里路,来到延州。然而范雍一听到这样的消息,立刻惊慌失措。他的城中只有区区几百人,只能命传令兵到处搬救兵。

传令兵奇迹般地跑到了边境线,找到了在土门一带错过李元昊的刘平、石元孙,让他们驰援延州。但是,寒冬腊月天里,刘平军和石元孙的保安军行军数日,肯定疲惫至极,兼且他们的兵马仅仅一万有余,凭区区一万余疲弱之军,可能顺利解延州之困吗?而且传令兵在战役正在进行的间隙中一路顺利地避过漫天的矢石箭雨,通行无阻地传令过来,难道不应该有陷阱的嫌疑吗?然而军令难违,一定要赶赴延州,杀灭李元昊。

终于,越过几乎空无一人的金明寨,留下步兵,率骑兵一路奔驰来到了三川口外围,延州城在望,已经是人困马乏,又风雪来袭,于是只好在三川口以西10里处下营休息。然而此时,刘平又接急报,要他快马加鞭火速入城,并且为了防止党项人趁机浑水摸鱼,要他的部队化整为零,小队进入。然而刘平放进去50个小队后就发现其中有诈。于是只好稳住骑兵,在营地里休息,等待步兵的到来。可是天亮后步兵竟然杳无音信,只好后撤20里,才遇到了昼夜赶路的步兵。兵力竟然猛增了2000人,这是鄜延路黄德和与万俟政、延州西路的郭遵,终于,在大战之初,他们的兵力又升到了1万人。宋军结阵东行,就来到了三川口的五龙川。

雪一直在下,他们碰到了西夏军队,其数量令人瞠目结舌,浩浩荡荡的西夏大军总数至少有15万人,其中包括7万名骑兵。他们与宋军中间隔着五龙川遥遥相对。看起来胜负已经毫无悬念,西夏的军队开始渡河,此时击之中流是宋军唯一的选择了,于是郭遵身先士卒,杀向敌阵。然而敌军人马实在太多,根本难以击溃,最终党项人还是整合好了自己的人马,列阵岸前。这次,党项人派出自己的勇士,指明要和郭遵单挑,郭遵闻声即出,几个回合即将西夏勇士头颅砸碎。

李元昊不存什么幻想,直接以数量取胜。竖起盾牌,缓慢逼近。然而宋军抢先进攻,竟然将西夏军队逼退河中,可是代价巨大,主将刘平脖子耳朵皆被射伤。傍晚来临,已经战斗了整整一天,而连日的奔波也差不多将步兵、骑兵体力消耗殆尽。士兵太需要休息了,况且面对的是15倍于己的敌军,难道不考虑一下撤退吗?

然而刘平没有想到的是这一切都是李元昊的计谋,就是为了让宋军疲惫不堪,以达到围城打援、以逸待劳的目的。李元昊再次派出骑兵,突击渡河,宋军难以招架,后退20步,一切就此改变。黄德和在队伍后率先逃跑了,这支本应是生力军的队伍却令逃跑像瘟疫一样传遍全军,宋军一旦溃逃。党项也不再犹豫,乘机掩杀。然而勇将郭遵孤身逆流冲入敌阵,虽知必死,却不惜以死报国,奋力向前,给刘平留下机会和时间。他如有神助,连过敌人陷阱,却不幸死于乱箭之中。

刘平截留了1000多人,重新列阵,再次挡在西夏人面前。西夏人震撼了,面对十五万大军,这区区1000多人竟然有勇气列阵而立,准备作战。然而对于对手的敬佩并不能阻止他们前进的脚步。刘平率领这1000多人，跟西夏军整整缠斗了三天。三天之后，西夏军离开三川口，前去攻打延州。刘平率军后撤至西南方一个小山头，立下七座营寨以求自保。又到夜晚，西夏再次派人冒充范雍使者，被识破之后索性劝降，自然也没能成功。天亮之后，李元昊带来人马，四面围山。宋军坚守，全军覆没，无一生还。

西夏人赢了，李元昊却撤退了，他没有乘胜追击攻打延州城。宋人曾说，延州城得以保全，靠的还是刘平的1000多士兵，"方贼势甚张，非平搏战，其势必不沮；延州孤垒，非平解围，其城必不守"。

三川口之役，宋军虽败犹荣，而且荣耀至极！

李元昊自食恶果

庆历八年，李元昊种下的种子终于结出了恶果。

李元昊此时已经站在了他人生最辉煌的顶峰。偏居西北的党项部落，在他的统领之下，已经成为辽、宋之间举足轻重的力量，中原大国、塞北铁骑都在元昊面前铩羽而归。回纥已经成为过去，吐蕃诸部也已经被死死地压制在河湟以外。

不可否认，李元昊确有雄才大略，但是他站得越高，就会越彻底地忘掉自己缺乏的谨慎和内敛。他是李继迁的孙子，他没有经历过中原王朝微妙残酷的宫廷斗争，没有读过华夏典籍，也不知道历代层出不穷的父子相残。他的阴鸷、猜忌与残酷使他的臣子对他噤若寒蝉。他在豪饮取乐、纵马放歌的时候，也许不知道有多少人在暗中期盼着他的死亡。

李元昊也许从未想过，在战场之上运筹帷幄、挥斥方遒的自己竟然会被一段小小的风流韵事推上穷途末路。上文提到过，李元昊在杀死野利遇乞之后，又与遇乞的遗孀没藏氏私通，庆历七年（1047年），没藏氏为李元昊生下了一个男孩，取名"谅祚"。

此时，西夏的太子仍然是宁令哥。太子可以说是天下最为尴尬之人，虽然离至高无上的皇位只有一步之遥，但命运仍然掌握在皇帝的手中，而且对皇帝的威胁比其他任何人都要大。作为太子，就要谨慎，就要坚韧，就要忍受朝野上下的怀疑，忍受各种各样的流言蜚语。只有在这种微妙的权力平衡中坚持到最后，才能跨过最后一步，登上无数人梦寐以求的宝座。不过，宁令哥面对元昊这样的父亲以及他刚出生的弟弟，显然做不到这样的淡定了。他忘不了是他的父亲，将自己的妻子变成了继母，忘不了自己的两个兄弟就死在父亲手中，也忘不了自己的两个舅舅野利旺荣和野利遇乞、叔祖嵬名山遇都是因为父亲的一丝猜忌就死于非命。更何况，他看得很清楚，父亲对于没藏氏和宁令两岔的喜爱，自己母亲野利皇后的地位早就岌岌可危，自己的命运已经到了千钧一发的地步。

但是面对元昊这样一个西夏国内绝对的政治强人，宁令哥不敢做出直接谋反的事情来，宁令哥也并不是隋炀帝、唐太宗一类的强势人物。首先元昊一直控制着兵权，宁令哥没有自己的武力后盾。其次，宁令哥在朝中似乎没有自己的班底。正是这两点，也许如果没有另一个人的出现，宫廷政变未必会发生，即使发生，也不会是以这样一种滑稽得让人怜悯的方式的结局。

这个人就是元昊现在最宠爱的情人没藏氏的哥哥没藏讹庞。没藏讹庞沾了妹妹的光，此时荣升国相，在西夏一人之下万人之上。但是没藏讹庞很清楚元昊的猜忌和好色，他不敢肯定元昊不会在未来的某一天，对自己的妹妹弃如敝屣。而一旦这一天到来，没藏氏的末日也就到来了。何况，没藏氏此时并没有光明正大的身份，皇后仍然是野利氏，太子仍然是宁令哥。如果元昊寿终正寝，宁令哥具有合法的继位权，如果是这样一个结果，恐怕没藏家族不会有好下场。因此在没藏讹庞看来，要保证自己的地位，他面对的其实是两个敌人，宁令哥是敌人，元昊同样也是。

此时，对于没藏讹庞来说，最好的方案就是怂恿宁令哥去刺杀元昊，只有这样，自己的地位才能确保无虞。宁令哥如果刺杀元昊成功了，他可以宣布宁令哥是弑父凶手，大逆不道，然后将自己的外甥谅祚扶上太子之位。如果宁令哥刺杀失败，他就将宁令哥交给元昊，换取元昊的信任，凭借此功，谅祚也能当上太子了。这几乎是个万无一失的计划。

没藏讹庞要想成功说服宁令哥去刺杀元昊，要解决的问题有两个：第一，要让宁令哥对元昊有刻骨的仇恨，相信只有杀掉自己的父亲才是唯一的方法，这一点其实不用废多大力气，因为宁令哥已经在元昊的逼迫之下面临绝境。第二，要让宁令哥真正有信心、有理由去实施这个计划。宁令哥此时的年纪并不大，元昊本人也只有45岁，让一个从来没有做过真正决断的人去杀自己的父亲、一位强悍的君主，宁令哥初次听到这个建议时，一定吓得脸都白了。

没藏讹庞的计谋正在于此。他要将自己装扮成宁令哥的同盟，他告诉宁令哥，元昊的残暴不仁已经激起了朝野的普遍愤怒，而自己也心惊胆战。如果宁令哥肯去刺杀元昊，他会做后应。一旦成功，皇位就是宁令哥的，自己会带着妹妹离开国都。一旦失败，自己也会保护宁令哥安全离开。

宁令哥轻易地被没藏讹庞说动了，甚至没有考虑到他的敌人其实有两个，元昊的威胁是潜在的，没藏氏才是有动机对付自己的人。但是他相信了没藏讹庞没有任何实际承诺的话，决定动手了。宁令哥所谓的动手是真的亲自动手，甚至连一个帮手都没有。

庆历八年（1048年）正月初一，按照惯例，皇帝要接受百官朝拜。史书记载这一天日色阴沉，太阳被血红色的云彩遮盖住，黯淡无光。这是凶兆，预示着国家将有大变。元昊当然是毫不在乎，他一向都很自信。

新年一直要延续到正月十五，这期间的宴会是少不了的。元昊继续毫无戒心地在醇酒和美女中消耗自己最后的时光。正月十五又是一个欢庆的节日，元昊欢饮到深夜，他已经醉得意识模糊了。朦胧中，他觉得累了，于是蹒跚地走回了自己的后宫，这是外人不得入内的。

宁令哥趁着四下无人，拿着宝剑悄悄走到父亲身后，对准父亲的头劈了过去。元昊虽然酒醉，但毕竟是戎马倥偬40年，听到宝剑的呼啸声，下意识地回头躲避。宝剑几乎贴着元昊的脸颊擦了过去，脑袋虽然保住了，但元昊的鼻子被削去半边，顿时血流如注。

　　宁令哥最后的机会来了，他以为自己终于可以跨过那最后一步，登上皇帝宝座。只是他不知道，自己的"盟友"没藏讹庞已经在宫中埋伏了侍卫。也许没藏讹庞早有吩咐，要等元昊受伤之后再动手。元昊的鼻子被削掉之后，侍卫出现了。宁令哥惊慌失措地逃离了宫中。没藏讹庞当即将逃往自己府上的宁令哥太子擒住，并带人进入宫中将太子的母亲野利皇后一并抓住。并以最快的速度将他们杀掉。没藏讹庞的毫无顾忌是因为他已经知道了元昊的伤势，知道这位西夏最伟大的国君已经见不到第二天的太阳了。

　　李元昊还是留下了遗言，他将皇位传给了自己的从弟委哥宁令。这是个名不见经传的人物。但元昊没有想到的是，皇位要么靠实力，要么靠名望。正是因为当年祖父李继迁能够安抚各部，所以他的父亲李德明才能幼年即位并受到各部的尊崇。而李元昊已经将自己的妻子、儿子、亲信一一杀死，一个既无名望，又无实力的堂弟，又怎么能获得拥戴呢？

　　于是西夏一代强人李元昊最后的遗言被没藏讹庞置之一笑，太子宁令哥弑父已经被诛，没藏氏的儿子谅祚继承了皇位，没藏讹庞以国相的身份总揽朝政，从此西夏开始了外戚专政的循环。

第六章

整改国制兴变法

"身心俱病"的宋英宗

在中国古代封建社会,"不孝有三,无后为大",在民间尚且如此,何况皇室。宋仁宗的后半生一直都为大宋王朝的继承人问题烦恼不堪,嘉祐元年(1056年)之后,赵祯的身体状况急转直下,他的健康问题让宰执集团的大臣们担心不已。倘若皇帝大行之后皇储未立,势必引发一场宫廷内乱,而这种皇储之争却是他们无法控制的,到时候天下大乱,他们有何面目见先帝于九泉之下。

在这之后,当朝重臣欧阳修、韩琦、司马光等人就先后向仁宗皇帝进言,劝他早立皇储。每况愈下的身体也让仁宗感到了事情的严重性,嘉祐七年(1062年),他经过重重考虑决定立他堂兄之子,他的养子赵曙为皇太子,封钜鹿郡公。

嘉祐八年(1063年)的一个平静的夜晚,宋仁宗赵祯在完成了他的历史使命之后悄然离开了人世。然而这个夜晚注定又是不平静的,他的突然崩逝给北宋王朝带来了新的考验。

宋仁宗的死发生在夜深人静之时,由当时的仁宗皇后、后来的太后曹氏封锁消息,再加之宰相韩琦的处变不惊,皇帝崩逝的消息在凌晨才传出宫外。这一切都是为了防止皇权的旁落,在皇帝崩逝的消息传出之时,皇太子赵曙已经赶到皇宫。

然而面对即将到来的皇位的时候,后来的英宗赵曙反应失常了。

当时宰相韩琦手捧黄袍，请赵曙继皇帝位。他礼节性地推辞之后转身想要离开这是非之地，仿佛这里的一切都与他无关。然而皇位必须要有人继承，韩琦等人努力了这么久等的就是这一天，他们不会这么轻易地让赵曙离开这里。在众人的坚持和努力之下，赵曙终于勉强地穿上了黄袍。

即位仪式在继续进行。面见百官之时，赵曙的表现更加失常，他面无表情，神情呆滞。在先帝灵前未流一滴泪水，对曹太后也出言不逊。曹太后当年亲自抚育他，后来又助他登上皇帝的宝座，他却当着群臣的面说出"太后待我无恩"之言。

嘉祐八年（1063年）的十一月，是为大行皇帝举行葬礼之日，但让人意外的是，作为继承人的英宗赵曙却称病留在了宫中，并未参加宋仁宗的葬礼。仁义道德尚存，知谏院司马光为了使赵曙明白自己的行为不合伦常已经触怒了太后和群臣，如果事情再不加控制地发展下去，他的行为将不为天下人所容。司马光在调查了太医院近期的诊脉记录，发现皇帝"六脉平稳，体无内疾"之后，要求惩处太医院的医生。

赵曙屈服了，他出现在大行皇帝的灵堂之上。这时与他同在的还有宋仁宗的遗孀曹太后。丧礼之上，所有人都为仁宗皇帝的去世痛哭不已，只有赵曙面无表情，史书上对他的记载是"卒哭"。

"卒哭"，就是结束哭泣的意思。在中国的传统丧礼之中，哭是对逝去的亲人表达追思和内心伤痛的一种方式，然而到了赵曙的时代，哭与不哭已经不是衡量一个人孝敬和痛苦的标准了。作为一个皇帝来说，他的举动不仅不符合常理，甚至丧失了一个国人应有的传统礼仪道德。不知道赵祯在天之灵看到他的这些行为，是否会为他当初的立储决定感到悲哀。

在现实之中，仁宗的遗孀曹太后却真真实实沉浸在痛苦之中。她对赵曙的表现极其失望，她开始怀疑自己当初的决定有误，这时是不是该另选仁德之人来治理这个国家。但宰执集团并不这样想，英宗由他们的支持而立，一旦被废，他们马上就会从当初的拥立功臣变为现在的无德无才之人。为了打消曹太后对英宗的疑虑，消除她心中废帝另立的想法。首相韩琦带领宰执集团面见太后，韩琦对太后称现在皇上龙体有恙，一切都是无心之过，请太后不必过于在意。欧阳修也附言道，太后仁圣之德，天下皆知，如今皇上身体不适，太后应对他多加关心多加包容。

曹太后毕竟是妇人，再加上她内心善良，对权力本无太多贪恋之意，她后来将大权归还英宗时也可见一斑。在宰执集团的苦心劝说之下，仁宗丧礼这件事也就不了了之。

这样一来，所有的人都认为皇帝病了，而且病得不轻，这也是当时能给出的对英宗这些反常行为最合理的解释。然而透过历史的蛛丝马迹，还是可以看到一些历史的真相，虽然这有可能只是冰山的一角。英宗真的病了吗？仅仅以身体之"病"就能解释赵曙这一系列的反常行为吗？他是身病还是心病？

宋朝的18个皇帝中有8个因没有亲生儿子而由旁系继承皇位，赵曙的皇位得来似乎也不超出常理。英宗赵曙，原名赵忠实，因为仁宗无子，幼年时他以皇子的身份入宫，作为皇位的继承人之一被教养。他的经历和他父亲赵允让如出一辙，唯一不同的是赵允让最后没有继承上皇位，而赵曙却在仁宗死后登上了大宋皇帝的宝座。

寄养的生活是非常痛苦和难耐的，何况他并非宋仁宗亲生的儿子，如果仁宗一直没有儿子他也是有继承皇位的希望的，但一旦嫡系血脉的皇储诞生，他就将放弃现在的皇子生活离开奢华的皇宫。可以这么说，赵曙在即位之前就是活在巨大的希望和失落之中的。皇宫的生活虽然富足，不用为生活琐事担忧，但内心的压力是巨大的。身在宫闱，每一天都步履维艰，稍有不慎，不但皇位不保，甚至都会有性命之忧。他就在这样的希望和担忧之中慢慢成长了起来，在他的心中一直存在着一个阴影，那就是他的父亲赵允让。他不希望他像自己的父亲一样在一辈子的惊喜和恐惧之中最终与皇位失之交臂，以失落来终老一生。

仁宗去世之前的赵曙克己守礼，淡泊名利。可是在继承皇位之后一切都不一样了，他对待下属和侍者不再像以前那样宽容，对自己的养父母也不再孝顺。是什么使这个原本乖巧守礼的皇子在如此短的时间内迅速转变的？这一切都和他的"心病"有关。他在得到皇位的巨大惊喜和恐慌之中迷失了自己。是的，现在他是大宋的国君了，天下属于他，这个国家的一切都由他主宰，命运终于掌握在了自己的手中。他虽不是仁宗的嫡亲血脉，但他摆脱了那个巨大的阴影，他等待了这么多年终于等到了这个皇位，不用再恐惧，不用再纠结，而他的父亲赵允让，他可悲的一生却被这样的阴影所埋没。这种复杂的心情让赵曙接到皇位时不知所措，那么他后来的一切失常表现也就有了解释，不然，身体的病痛是无法让一个原本知书达理的人失去作为人最基本的礼仪和道德的。

宋神宗的理想

1067年，也就是宋治平四年的冬天，身心疲惫的英宗赵曙病倒了。继他即位之时生的那场"病"来说，赵曙这次是真真实实的病危了，而此时，他才年仅36岁，正当盛年的他即将在病榻上悲惨地度过他的余生。

治平四年（1067年）十一月二十一日，宋英宗的病情突然加重。在当时的首相韩琦的坚持下，奄奄一息的英宗握笔在床沿写下了七个字，"立大王为皇太子"，这是指将他的长子赵顼立为皇储。当时大学士张方平奉命拟写遗嘱，见英宗所写之事，又请奏道："立嫡以长，想圣意必属颖王，还请圣躬亲加书明！"于是，全身无力的英宗又提笔加写了"颖王顼"三字，于是英宗长子，颖王赵顼被立为皇太子，这也就是后来的宋神宗。

15天后的正月初八，宋英宗赵曙因病薨逝于福宁宫，后葬于永厚陵。在首相韩琦的主持下，年方20岁的颖王赵顼登上了皇帝的宝座，是为宋神宗，尊皇太后曹氏为太皇太后，皇后高氏为皇太后。北宋王朝在这一刻迎来了神宗的时代。

宋神宗赵顼，英宗的长子，即位之前即被封为颍王，他出生时"祥光照室，群鼠吐五色气成云"，可见这孩子是被上天眷顾的。这是历史记载中惯用的手法，皇帝的出生都会带有祥瑞的征兆，证明他的出生是不平凡的，他的人生注定会有所作为。这样例子数不胜数，宋神宗也是一样。

赵顼的成长过程是非常特殊的，由于他的父亲赵忠实，也就是后来的英宗不是仁宗赵祯的亲生儿子，所以年幼的赵顼没在皇宫里长大，更没有受过皇子必备的传统教育。

他在自由的环境中慢慢成长起来，长成了一个不带迂腐之气、性格独立的青年皇帝。再加之他不在皇宫长大，受到的拘束也相对较少，比起其他的皇子，他更了解民生疾苦，更想造福天下万民。

所谓"子不类父"这样的现象在中国历史上比比皆是，宋神宗的性格和他的父亲赵曙完全不一样，这在他其后的统治过程中可以明显看出。神宗不想像他的父亲英宗那样无所为，在年轻的赵顼心中，一直都有个远大的理想，就是让宋朝在他的手中摆脱百年以来所受的屈辱，收复失地，恢复开国时的气象，而自己也成为千古明君，青史留名。

他的一生一直都把国家利益放在第一位，尤其是平民百姓的利益，这不只是在宋朝，在中国的整个历史之中都是极其少见的。

神宗即位三天后，三司使韩绛上书言，国库入不敷出，已经造成了严重的亏空。宋神宗大吃一惊。那么这个巨大的亏空是怎么形成的呢？首先，宋朝烦冗臃肿的官僚机构和军事制度给北宋的经济造成了过重的负担，再加上自与西夏开战以来，庞大的军用开支占用了国库相当一部分，更何况每年朝廷还要送给西夏国一笔十分丰厚的岁币。如此一来，国库已然空虚，支撑国家运转已然勉强，何谈再有其他作为？就拿英宗治平二年（1065年）为例，年总收入是116138400两，而支出却达到了惊人的238064300两，收支不平衡，已经出现严重的财政赤字。

面对如此局面，年轻的宋神宗百思不得其解，然而朝政还需处理，国家的运转,民生、军事等各个方面都需要钱财,但如何为国库增收是当务之急。自古以来增加钱财无非两途,一是开源,二是节流。于是神宗下旨,自皇帝始,朝廷上下谨当节俭,英宗的葬礼规模在一定的条件下被削减,他更减少了他登基赐给臣下的恩赏钱。"节流"他已着手去做,至于"开源",刚即位的宋神宗虽然血气方刚、志向远大,对此却有心无力。

要治理好一个国家,首先要了解这个国家的运转状况。英宗的丧礼过后,神宗下令臣下进言,围绕的中心是"论仁宗、英宗两朝积弊"。这已属老生常谈,臣下们纷纷上书言事,但基本都是官面文章,不痛不痒,击不中要害。对于这个问题,仁宗、英宗时的朝臣应当最有发言权,他们是英宗给儿子留下来的辅国之臣,神宗此时遇到问题必然要垂问他们。然而,首相韩琦这时提出了"辞官",熙宁元年(1068年),韩琦以使相身份出判相州,离开了他战斗多年的开封。韩琦走了,朝中的老臣剩下了司马光。此时,司马光上书认为要除仁、英两朝积弊,要点在于"官人、信赏、必罚"三点,神宗对此也很赞同,于是继续向他询问具体政策,并请司马光帮助他改革政治,造福百姓。这时,司马光让神宗失望了,他虽然有想法,但对于实际操作没有具体且行之有效的办法。

在司马光之后,前朝宰相富弼又回到了开封。这位谦谦君子在英宗朝混乱的朝政打击下离开了权力斗争的旋涡,神宗即位,广开言路,他似乎又看到了新的希望。国有明君,自然值得他出山辅佐。虚心求教的宋神宗马上接见了他。富弼以他多年的政治经验告诉年轻的神宗,为君之道在于隐藏自己的喜好,如果城府不深,臣子就会为了迎合君主的喜好搜刮民财,取悦主上。这一点在古代很多皇帝身上都得到了验证,不少皇帝也因此在历史上留下昏君的骂名,后来的宋徽宗赵佶喜好花鸟鱼虫,就有花石纲、艮岳、九鼎等耗费民财的物件,都是当时的臣子为迎合徽宗喜好的东西。后来的事实证明,宋王朝灭亡原因这也占有不少的成分。但关于富国图强,富弼认为神宗临御未久,当布德行惠，不应轻易言兵，更不能草率想要改变祖宗法度，这样只会贻乱天下，失去民心。

司马光、富弼等元老重臣的温和治国方略远远满足不了年轻的神宗急于想创造一番事业的热情。宋神宗想改变国家积贫积弱的现状，成就千古伟业，但满朝上下找不出一人能帮助他实现富国强兵的大计，这让他很是苦恼。

正在宋神宗为寻找不到改革人才所困扰的时候，一个人即将从遥远的江南而来，来帮助神宗完成心中的远大理想，同时，也是他，为北宋历史抹上了浓重而又神秘的一笔。

拉开新法的帷幕

宋神宗一心想变法图强，在当时只有王安石是最好的人选。神宗准备让王安石出任宰执主持变法，却遭到了朝中老臣们的反对。韩琦、富弼、唐介、吕海等人都认为，王安石的政治主张太过理想化，且他为人不够豁达，性格固执，处事又不够稳健，难以与人相处，帮助管理朝政尚可，但根本不适合做宰执大臣。

王安石受到神宗召见之后上《本朝百年无事札子》，全面总结并批评了宋朝前期的政局，经过多次的接见和探讨，神宗终于认同了王安石的政治主张。熙宁二年（1069年），王安石出任参知政事，北宋朝著名的熙宁变法即将拉开历史的帷幕。

新法的目的在于"富国强兵"，而他在宋神宗心中扎根的根本原因却在于军事。军事问题凝聚了宋以来100余年所有中原人的沧桑与苦痛，宋朝自幽燕之役、雍熙北伐以来就一直没能扭转令人感到屈辱的外战记录。但神宗想要改变这个不堪的现状，是他公开承认宋太祖赵光义是死于契丹人的箭伤，在这之前，这是一个人人明白却不能说的"秘密"。宋神宗不想像真宗和仁宗两朝一样用金钱去买所谓的和平，更不愿与侵占自己国家领土、残害自己子民的边境异族"称兄道弟"，他心里清楚金钱不能买宋代万世的"和平"，他要在他的时代夺回燕云十六州，荡平西夏吐蕃，让宋朝拥有如汉唐一般的恢宏气象。

年轻的神宗曾经身穿战甲去后宫参见他的祖母曹太后，身为武将之后的曹太后见神宗如此装束百感交集，顿时热泪盈眶，不能自已，可见屈辱的外交给宋朝带来多少的痛苦。

然而要打仗必须要有强大的财力支持，以神宗朝现在的经济状况根本无法支持收复边疆这样的大战。想要扭转当前的经济状况，为国库增收从而支持以后必然要开始的战争，办法如前面所提到的无非两种，一是开源，二是节流。当时大部分朝臣都是主节流之法，变法之前河朔地区发生重大的水灾，宰相曾公亮提议省免郊祀典礼时对大臣的赏赐，当时很多人都赞成这一点，就连当时的翰林学士司马光也不例外。而王安石却认为国用不足是理财不慎造成的结果，这样做只是杯水车薪，不能从根本上解决问题。王安石认为"善理财者，不加赋而国用足"，但这一观点遭到了许多臣子的反对。司马光认为王安石"不加赋而国用充足"的说法只不过是变相抢夺民财、盘剥百姓，在他之前，武帝朝的桑弘羊就曾用过，后果低劣不堪，根本不值一提。

王安石"不加赋而国用足"的想法确实是超出了时代的限制，自然不被当时的时代所理解。王安石更认为法家的"经术"是用来治理社会的妙药良方，纵观前朝历史，以"法"治国而强盛起来的例子不在少数，迂腐之人不会用"术"，才会认为"术"是害人之物。宋神宗自幼好读《韩非子》，对法家"富国强兵"之术有浓厚的兴趣。一次，神宗向王安石询问如何才能治理好天下？王安石答曰："择术为先。"他向神宗进言，希望他效法尧舜，做一代明君，造福天下苍生。王安石的治国想法和他内心强大的抱负契合了。

"变风俗，立法度"是王安石认为的治国首要任务，"变风俗"，儒家学说最大的目的就是让风俗纯朴；"立法度"，儒家从来都是以笼统的仁义道德来"治国"，是从来瞧不起法家之"术"的。从现实角度来说，法家的学术是有重要的治世意义的，但在宋朝儒学盛行，甚至已经到了开始僵化的地步，普遍认为"韩非险薄，无足观"，法儒根本不相融，要以法家之术进行变法谈何容易？

况且变法涉及内容之深，开展过程之艰难都是难以估计的，处理每一个问题都必须小心谨慎，稍有不慎，就会满盘皆输。更重要的是如何才能让每一个官员和百姓都能理解新法并实实在在地去实施它。如若不然，神宗朝的变法将会像20多年前的庆历新政那样，有计划却实施不力，最后变得一无所成。

宋熙宁二年（1069年），宋神宗任富弼为首相，王安石为参知政事，开始变法。神宗这样的安排是有他的用意的。由于王安石和新法在当时并不得人心，神宗任富弼为首相，希望以他三朝老臣的威望来镇抚局势，安定人心，而变法的具体内容和实际操作都由王安石来领导完成。这样的安排不仅有助于朝局的稳定，新法的推行也可以在一定程度上保护王安石，创造一个良好的政治环境。

宋熙宁二年（1069年）二月，神宗为变法特别设立了"制置三司条例司"。顾名思义，它以国家的财政总署三司省为根基，是专门制定户部、度支、盐铁三司的条例部门，由参知政事王安石和枢密院院事陈升之主持。在这之后，王安石又向神宗推荐了吕惠卿、章惇、蔡确、曾布、沈括等他认为对新法有帮助的人参与并协助变法。

熙宁二年（1069年）七月，经制置三司条例司议定，颁布了新法第一条法令——"均输法"。"均输法"的内容很简单，即由朝廷拨出500万贯钱和300万担米作为起始的周转经费，由发运使根据京师库藏和各地物资的实际情况来购买政府所需要的物资。与此同时，将各地多余物资由政府进行统一销售，这样不仅可以增加国库的收入，更可以有效地稳定物价，同时也减轻了农民肩上的负担。它既迅速地让皇帝、官员和百姓看到了新法的效果，又没有触动以农业为根基的中国古代国家最大的命脉。

那么"均输法"出台的原因又在哪里呢？

作为北宋王朝的国都，整个开封府的繁荣很大程度上都取决于周边小城镇、农村的供给，这是一个不变的道理，即使是现在也如此。

在太祖赵匡胤时期朝廷设立了发运司,由发运使来负责淮、浙、江、湖等六路的漕运,把全国各地的物资运往开封。但由于发运司作为一个执行机关本身的权力不足,执行调运任务时受到各方面的牵制,供需得不到有效的调和,漕运也因此发生了混乱。往往开封府需要的东西运不来,不需要的又积压成山卖不出去,再加之地方对一些物资强制性地进行摊派,宋朝的百姓对此的压力都很大。

针对这个制度的弊端,"均输法"适时地出台了。在新的法令之下,发运司的权力大大增强了,具体来说就是现在由发运使亲自去了解开封和全国的物资状况,并由它来决定具体物资的运输,收上来的物资由朝廷向官员、市民等人发售。具体由原开封府度支判官、陕西转运副使薛向担任发运使,实施"均输法"。

"均输法"一颁布就引发了不少非议,这应该也是变法派事先就预料到了的。由于它是由国家来承担物资的运送和销售,就在一定程度上打击了自由经济,触犯了商人的利益。宋朝的商业尤为发达,商人,尤其是大商人的利益和封建官僚以及贵族有着割舍不断的联系,商人的利益被触动,毫无疑问地也就在某种程度上影响了官僚贵族的享受。"自均输法实行,豪商大贾皆疑而不敢动。"苏轼之后,苏辙、冯京、谢景温等人不断地对"均输法"展开政治攻击,认为其扰乱秩序、法术不正,理应废除。而事实上,"均输法"确实有利于国家商业的稳定,更有利于国库的充盈,这和新法"富国强兵"的宗旨也是相吻合的,王安石等人在当时推出这个法令也是可以理解的。

拨开"青苗法"的疑云

在"均输法"之后,同年九月,又一项新法出台,这就是历史上非常著名也引发争议不断的——"青苗法"。"青苗法"的出台,开始触及了维持中国最基础的命脉的农业。

"青苗法"也称"常平新法",简单来说,就是国家以储藏的粮食为成本,每年分两季向缺粮缺钱的农民发放贷款,并收取一定的利息。农民所贷之款同夏秋两季所缴纳的农业税一起交还给朝廷。

北宋以前的隋唐两朝，盛行的是"常平仓"。就是由国家出面，在农作物丰收的时候出钱稳定市价收购，防止谷贱伤农；一旦灾年出现，国家就把收上来谷子以较为低廉的价格卖给缺钱缺粮的农民。很显然，这是一项利国利民的好政策，毫无营利性质，如果国家财力雄厚可以支撑，造福百姓，博取民心，又有哪位君主不愿意去做呢？有一利必有一弊，有这么多的好处，贪官污吏们又怎会甘心把这些粮食白白发放给毫无地位的平民百姓。由于官员的腐败，"常平仓"法的实施并不像他预想的那么好，不少人利用这一政策为自己牟私利。在北宋的财政制度中，凡是考取功名的，出家为僧为尼的人和家庭都无须向朝廷缴纳税款，也无须服兵役等一系列徭役。如此一来，沉重的税务和徭役负担都加在了穷苦的农民身上，加上官员和富商勾结贪污，农民没有了粮只能向民间的高利贷借款，而在宋朝民间的高利贷利息居然已经高达到了月息六分，年息七十二分的程度。"青苗法"的具体实施方法是将全国各地广惠仓、常平仓里的粮食都由朝廷收集上来，兑换成现钱，在河北、京东、淮南三路，分夏、秋两个季节，由国家出面把钱贷款给青黄不接的农民，让他们度过危难。在庄稼收成以后，加两成的利钱将这些所贷钱粮归还给朝廷。

想法是好的，但"青苗法"在后来的实施过程中出现了问题，很多事实也不断证明，往往一些好的想法在操作上出了问题才导致失败。为了缓和当时的矛盾，经朝臣研究商讨，原定将在河北卖"度僧牒"的钱作为启动资本在陕西试行青苗法，不动用国家的粮食储备。但后来在具体实施过程中不仅动用了广惠仓、常平仓里的粮食，试行范围更是超越陕西，扩大到了河北、京东、淮南三路。而此时变法派与守旧派的对抗，骤然上升到水深火热的程度，守旧派认为王安石"大奸似忠，大诈似信，外示朴野，中藏奸诈……"。

"青苗法"出台之后，变法派吕惠卿作为王安石的得力助手，被晋升为太子中允、崇政殿说书，能够直接和神宗每日讨论时政，交换关于新法的意见和看法。而这时首相富弼却以年老多病为由向神宗提出了辞官还乡，富弼是反对变法的，当初神宗任他为首相，为的就是用他的威望平息众怒，来缓解变法所受到的压力。富弼走后，王安石终于被推到了前台，反对派以前所未有的声势开始一轮又一轮地攻击变法，新法压力倍增。

斗争在继续，改革也在继续。在"青苗法"颁布后的十一月，"农田水利法"也出台了。"农田水利法"鼓励官民积极去开垦荒地、兴修水利。地方官府更要把本辖区内所有荒地的情况调查清楚，方便"农田水利法"的施行。果不其然，守旧派又以"道义"的身份站了出来，司马光就多次写信给王安石劝他不要一意孤行，放弃变法，更在信中列举出王安石"侵官、生事、征利、拒谏、招致天下怨谤"的罪名，认为新法再不废除，国家将形成"父子不相见，兄弟离散"的局面，到时候天下大乱一发不可收拾。王安石在给司马光的回信中写道："人习于苟且非一日，士大夫多以不恤国事，同俗自媚于众为善。"坚持自己变法的态度。

但自古以来，哪一项改革没有经历流血和斗争呢，熙宁年间的新法也是一样，纵使阻碍重重，王安石还是坚持着，他始终认为变法改革是改变宋朝朝局的唯一至途。然而理想总是来源于现实而高于现实的，从大名府寄来的一封奏折给新法带来了现实的考验。

这封奏折由前朝宰相韩琦所写，他在奏折中用事实向神宗描述了"青苗法"在实施过程中所出现的弊端。首先，韩琦提出"青苗法"在执行时与它发布时所说的条例根本不符。"青苗法"在颁行时强调严禁任何摊派，但在实施过程中出现了严重的摊派行为。其次，他认为农民生活殊为不易，一旦粮食歉收，还不上朝廷的贷款，必将受到严刑峻法，到时必将激起民愤。"青苗法"看上去给国库增加了收入，是缓解农民压力的好政策，实则是害国害民的邪政。

这时年轻的神宗似乎忘记了变法的宗旨——富国强兵，农民只是税收的一小部分，更大的部分在于城镇的富户。王安石认为新法本身就是济贫困、抑兼并的，不然在既要改变民生的情况下又要筹集庞大的军费任神仙也做不到。事实上，神宗对新法的怀疑和动摇是因为政治经验不足。事物总是存在两面性的，就如同新法，给空虚的国库带来了收入，给穷苦百姓带来了福利，必然损害另一个阶层的利益，韩琦等人只是站在官僚阶级的角度看到了新法对自身利益的损害，却没有告诉神宗新法的好处。

然而政治经验不足的宋神宗面对韩琦的奏折第一次内心动摇了，他开始怀疑他所支持的新法是不是正确的，难道他原本认为利国利民的新法在现实中却在残害自己的子民？内心的恐惧是强大的，熙宁三年（1070年）的二月，宋神宗亲自下令废除了"青苗法"。五月，撤销了为新法的制定和推行而成立的"制置三司条例司"，将其职权全部收归中书省执行，宰相王安石也因病离开了朝廷，新法暂时陷入了一个被动的局面。

第七章

荒唐天子

徽宗登基

宋朝至徽宗时期已经走上了穷途末路。撇开朝廷内的派系争斗不说，单就周边的形势来讲，就足足让人捏一把冷汗。北宋与当时北方及西北地区兴起的辽、西夏等政权的矛盾日益尖锐，到了哲宗时辽和西夏不断强大，已经形成了与北宋对峙和并立的局面。北宋已经到了内忧外患危机四伏的地步了。

哲宗死后无嗣，国一日不可无君，为大宋皇位寻找合适的继承人被提上了日程。大行皇帝无子，嗣君只能在赵煦的兄弟中遴选了。端王赵佶，是神宗赵顼的第十一个儿子、哲宗赵煦的弟弟。依宗法礼制，赵佶本没有继承皇位的机会，但是由于哲宗没有子嗣，向太后力主，几位大臣附和，赵佶才入主金銮殿，坐上了龙椅，成了天下的主人。风流才子错位做了皇帝，成了北宋的亡国之君。

赵佶生于元丰五年（1082年）十月十日，据说在他降生之前，神宗到秘书省巡视，在东厢房偶尔看见一幅挂在墙壁上的长轴李后主的画像，"剑气人物俨雅，再三惊叹，而徽宗生。生时梦李后主来谒，所以文采风流，过李主百倍"。这种天与神授的迷信传说，自然不足凭信，但从宋徽宗身上，也的确可以看到李后主的影子，尤其是在书画方面，赵佶更是表现出非凡的天赋。

北宋是一个文人占优势的社会，重文轻武的偏好从北宋建立之初就明显地表现出来。出身高贵又极具才气的赵佶于是轻而易举地在众皇子之中崭露头角。刚满1岁时，赵佶就被神宗封为镇宁军节度使、宁国公；哲宗即位后，又晋封其为遂宁郡王；绍圣三年被封为端王；绍圣五年，加封为司空，改昭德、彰信军节度。

赵佶从小便聪颖非凡，深得哲宗的好感，获得了向太后的宠爱。在她的眼里，赵佶是孝顺和聪明的。在她的坚持下，风流倜傥的端王赵佶做了皇帝。天下人没有想到，向太后更没有想到，她亲手推开了北宋走向灭亡的这扇门。

在向太后力主之下，群臣终于同意拥立端王即位，于是向太后传旨召端王赵佶进宫。就这样，一切行礼如仪，赵佶在哲宗的灵柩前宣布即位，是为宋徽宗，这年赵佶19岁。

徽宗即位之初，没有经验，况且他以庶子身份承继皇位，深恐不能镇压四方，不得不请向太后垂帘听政。向太后似乎与高太后不同，55岁的向太后对政事根本不感兴趣，认为天子已立，她便可以颐养天年了。但赵佶不是一个有主意的人，虽然满腹文采，却无治国之能，几次三番请向太后垂帘，向太后也觉得不好再继续回绝，便勉强答应了下来。不过她已声明，她不会像先朝的宣仁皇太后那样终生垂帘听政的，待朝廷一切工作走上正轨之后，她便要还政于皇帝。

宋徽宗即位之初，便大刀阔斧，整顿朝纲。亲贤臣，远小人，刚登基的徽宗头脑还是相当清晰的。即位一个月之后，他便果断地任命大名府知府韩忠彦为礼部尚书、真定府知府李清臣为礼部尚书、右言臣黄履为资政殿大学士兼侍读。这三人朝野有口皆碑，为人正直，因言事不合被贬出朝堂，这次又都被徽宗破格提拔。徽宗的这一做法深得大臣们的一致称赞，连向太后也认为徽宗用人取舍皆合公议。

朝廷上有人责备司马光为奸，而天下人皆曰忠；而当今宰相章惇，朝廷认为是忠臣，而天下人都称为奸贼，京城中流传说："大惇、小惇（指御史中丞安惇），祸及忠臣。"徽宗在藩邸时，就知道章惇是奸邪之辈，他即位时，又是章惇跳出来反对，早已心存不满。1100年九月间，章惇任哲宗山陵使时将哲宗灵柩陷于泥泞之中，直到第二天才从泥泞中抬出，言官们以此为由，说章惇对哲宗的在天之灵大不敬，徽宗顺水推舟，把章惇贬出朝廷。章惇当权之时，对旧党进行疯狂的打击报复，数百人被他撵出京城。现在，他也走上了被贬之路。

虚怀纳谏、广开言路对帝王来说是一件不容易办到的事，像唐太宗这样的明君还发誓要杀掉魏徵这个田舍翁。徽宗在执政之初，在纳谏这一点上，与唐太宗颇有几分相似，从谏如流，决不拒人于千里之外。可惜的是，徽宗是一个亡国的君主，执政之初再怎么从善如流也无法抵消之后的罪责，曾经的明智之举也慢慢地被人们淡忘。

在徽宗的鼓励下，上疏言事的人越来越多，朝廷中也形成了一股颇为活跃的气氛。而且大臣们争论的内容渐渐地集中到了对神宗、哲宗时变法、废法的评价上。之前高太后垂帘听政与哲宗亲政时期，在党派问题的处置上有明显的失误，导致宋朝很长一段时间内派系斗争严重，而且呈愈演愈烈之势。而现在，当时的党争问题又摆在了徽宗面前，徽宗会怎么处理呢？

聪明的徽宗灵活地处理了这一问题。经过反复透彻的思考，徽宗即向全国颁布了诏书，表明了自己对元丰、元祐两党之争的态度。徽宗即位之初对人对事皆以是否合乎情理与是否合乎事宜为评判标准，不偏不倚。他希望做到物尽其用、人尽其才，这是徽宗刚开始执政时抱有的美好愿望，可以看出当时的徽宗是多么积极上进，并努力做一个有作为的君主。

赵佶即位之初，确实表现出了英主之象，大刀阔斧进行改革，去奸佞，任贤人，广开言路，积极纳谏，俨然是一个中兴的皇帝。但是历史证明，这只不过是徽宗"新官上任三把火"的表现而已，徽宗只是把火苗给燃了起来，却并没有继续添柴，火苗便慢慢地灭了下来。

宋徽宗任用奸臣

宋朝蔡京就是一个有才无德的之人，早年的蔡京发奋学习，与莘莘学子一样，试图通过读书科举这一途径来求得功名。功夫不负有心人，熙宁三年（1070年）蔡京考中进士。可以说，蔡京是个不折不扣的才子，书、画、诗、词无所不能。就连号称"米癫"的大书法家米芾也对他的书法赞不绝口。现代人认为"苏黄米蔡"宋四家中的"蔡"，是指蔡襄，其实在当时"蔡"指的是蔡京，不过因为众所周知的原因，人们用蔡襄取代了蔡京。

宋徽宗在当时也是一位琴棋书画样样精通的才子，与蔡京两人正好有共同爱好，若不是一为君、一为臣，或许能够成为一对诗酒相交、书画相携的知己良朋，然而造化弄人，才子抛掉了才子的风流倜傥，转入仕途开始了暗无天日的钩心斗角。

蔡京是个绝顶聪明的人，也是个贪欲极强的人，为达到自己的目的可以说是不择手段。他是一个十足的察言观色的骑墙派，很会投其所好，在他的眼里根本就没有耻辱与原则之说。

蔡京原是王安石变法时的新党分子之一，但在司马光执政时，当时是开封府知事的蔡京是第一个响应废除新政、恢复旧法的高官；即使是免役法他都毫不留情面地废止，俨然一副忠贞的旧党成员模样。

哲宗亲政，章惇做了宰相，蔡京又借弟弟蔡卞的关系，成为新党的忠实门徒。章惇下台后，蔡卞受到波及，蔡京难脱其咎，削职于杭州。但蔡京是一个很懂得钻营的人，他一直在留意当权者的动态，准备伺机而动。

赵佶的艺术造诣很高，现在存世的画有《芙蓉锦鸡图》《池塘晚秋图》等，都是公认的珍品；他的字体初学黄庭坚，后来受另一大书法家薛稷的影响，逐渐推出新意，形成了别具一格的"瘦金体"。这个擅书画、喜诗文的才子皇帝在登基之前，还经常邀请名士到自己的府上高谈阔论，酒过数巡后，各自即兴挥墨，或弹或唱或画。

这时右相曾布与韩忠彦意见不合，明争暗斗，曾布欲利用蔡京打击韩忠彦，向徽宗推荐蔡京。崇宁元年（1102年）三月，蔡京被召入京师，任翰林学士承旨兼修国史。不到三个月，出任尚书左丞一职。一个月后，即崇宁元年（1102年）七月，出任尚书右仆射中书侍郎，终于爬上了宰相的职位，有了皇帝的宠信，独揽朝廷大权，这时候他的奸诈丑恶已为世人所知。

蔡京上任的第二天，就奏请赵佶禁用元祐法规，改用王安石的新法，恢复了一些旧的制度沿革和机构设置。蔡京又借打击"元祐党人"为由，排斥异己，结党私营，所有与他政见相左的人全部被贬官。他诬陷守旧派的司马光、文彦博、吕公著等210人为奸党，赵佶接受蔡京的建议，亲笔写下"党人碑"，刻石立在皇宫的端礼门，碑上的名单全是由蔡京确定的。由于童贯对蔡京有援引之功，所以蔡京便请皇帝下旨命童贯先后出任制置使、节度使，领枢密院使，执掌兵权，权倾一时，成为中国历史上权力最大的宦官之一；而与蔡京不和的官员，都在不同程度上受到打击和迫害。蔡京为了进一步巩固自己的地位和增强自己的权势，在京城附近的几个州，都屯有两万精兵，由手下亲信掌管，归自己所用。

精明的蔡京彻底摸透了徽宗对声色犬马的嗜好和粉饰太平的虚荣心理。对于权力欲极强的蔡京来讲，为一个荒于政务的君主服务绝对是一件好事。徽宗的无所作为正好给这位权臣提供了谋权的可乘之机。徽宗懈怠政事，这位老奸巨猾的臣子非但不加劝阻，反而有机会就极力恭维、奉承皇上，纵容徽宗为所欲为而将朝政多托付给蔡京处理。蔡京凭借其善于奉迎的功力，在官场上游刃有余，他先后四次担任宰相，共计长达17年。他和宦官童贯、杨戬、李彦、梁师成、高俅、权臣王黼、朱勔等人，相互勾结，贯通一气，控制朝廷，为讨得宋徽宗的欢心，搜刮百姓钱财，倾力供徽宗玩乐。宋朝的江山在这些奸臣贼子的祸害下迅速走上了没落之路。可怜的宋徽宗还将这位祸国殃民的贼臣视为自己的股肱之臣，殊不知，蔡京是大宋江山最大的一条蛀虫。

徽宗自即位初到崇宁元年（1102年）初，两年多的时间里本是励精图治的，可是这种光景仅仅持续了两年。他见自己的政权已经稳固了便开始起用奸佞小人，以"革弊布新"为名，排挤政敌，开始贪图安逸，走上了荒淫无耻、祸国殃民的罪恶之路，而且在这条罪恶的道路上越走越远。

第八章

靖康之难，北宋覆灭

宋金灭辽

从秦始皇建立大一统局面以来，在西部和北部这一漫长的边境线上，冲突与争端似乎就没有终止过。代表先进文明的中原王朝和野蛮落后的游牧民族之间的关系永远不会仅仅停留在和平相处这一单一的层面上。拥有先进文明的中原王朝想要凭借其文化的博大精深使一切蛮族臣服，而生活在边陲之地的游牧民族则会不满足于自己狭小的生活圈子，时不时地袭扰一下中原王朝的边境。于是产生了中原王朝与游牧民族的正面交锋，这种交锋几乎贯穿了中国千年的历史，从来都没有中断过。

有宋一代，从建立之初到最终的灭亡，多个政权并立的错综复杂的局面始终存在。在这一历史时期，南部有大理，西部有西夏，北部有辽、金政权的存在，以及后来强大的蒙古政权。宋朝内部积贫积弱，而外部又面临着外族的威胁，对风雨飘摇的大宋朝廷来说无疑是雪上加霜。宋朝初年，国力还算强盛，对付游牧民族的侵扰还算得上是游刃有余，然而到了徽宗时期，事情就没那么简单了。一方面，宋朝的虚弱在日渐严重；另一方面，游牧民族的成长却又相当迅速，对宋朝的威胁渐渐超出了他们的控制范围，徽宗的不幸也就慢慢开始了。

北宋刚建立初期，最让皇帝头疼的是北方的契丹和西北的西夏。其实西夏势力较弱，还不是北宋的对手。哲宗在位时，西夏就与北宋的部队交战过几次，但频频受挫，于是偏安一隅，不再主动干扰中原王朝的边界了。但是契丹就不一样了，契丹是一个骁勇善战的民族，在五代时期势力就比较强大。后晋的石敬瑭就为了讨好契丹人，将燕云十六州地区拱手相送，还做了耶律德光的"儿皇帝"。北宋初期宋太宗在位之时，契丹军队屡屡打败宋朝军队，声势大振，随着契丹人典章制度的日臻完善，仁宗期间，契丹人就建立了政权，国号为辽，与北宋呈对抗之势。

马上得天下，但不能马上治天下，治理一个国家远比建立一个国家要难得多。人往往会有一种惰性，一旦安于某种状态，就容易由于过度放松而丧失进取的精神。契丹人建立了辽国，就居功自傲起来，认为自己不可一世，于是就沉湎于安逸的生活，以致战斗力大打折扣。这时候，他们的东北方向上一个劲敌在悄然成长，这是辽国人万万没有想到的。

女真首领完颜阿骨打不满辽国对女真的欺压率众起兵反抗，并于政和五年（1115年）打建立政权称帝，国号为金。就这样，在中原王朝北宋的边界地区，辽国和金国就与北宋形成了抗衡之势，对北宋构成了极大的威胁。一山不能容二虎，可就现在的形势来看，不只两只老虎在虎视眈眈地盯着对方，而且是三方都想独占鳌头。一场以实力论英雄的较量即将拉开帷幕。

得知金国政权建立，宋徽宗深感政权并立的局面会对自己的统治带来极大的威胁，于是非常着急，一直在苦苦寻找良策。

金国成立以后，积极地对辽国展开了军事进攻，辽国的东京、上京、中京纷纷陷落，眼看辽国的半壁河山沦落到金人的手里，辽天祚帝也在苦苦向各方寻求援助。

得知金军大举攻辽、辽军节节败退的消息，宋徽宗和大臣们欣喜若狂，认为事情有了转机。原来徽宗一直希望收复燕云十六州，也在寻找收复的良策，只是苦于辽国的兵力强大，一直没能完成这一夙愿。金军的进攻让徽宗看到了希望。"既然辽军是如此的不堪一击，我朝如若能与金人结成联盟，共同打击辽国，照目前这种战争的态势辽国必败无疑。到时候既能为我朝清除一个劲敌，又能收复丧失已久的失地，岂不两全其美？"徽宗把事情想得太简单了，幻想着靠投机取巧的做法解决所有的问题，他错了，他的这种荒诞的想法将宋朝导向了一发不可收拾的局面。

宋徽宗派赵良嗣为使者，向金国表达了想要与之结盟的意愿。经过协商，宋金最终达成协议，金人表示愿意与宋朝联合夹攻辽国。双方约定，金攻取辽国的中京大定府，宋攻取燕京析津府。共同灭辽之后，燕云十六州地区归宋，其余归金国所有。

在南北夹击的情况下，辽国最终投降，辽国灭亡了。在对辽作战的过程中，宋朝的表现实在是太差劲了，几乎没有取胜的。宋军虚弱的本质完全暴露在金人的眼里。虽然事先已经订立好了盟约，声明打败辽国后将燕云十六州归还给宋，但现在金人完全不把宋人放在眼里了，态度发生了极大的转变。最终金人仅归还燕京及蓟、景、顺、涿、易六州给宋朝。而且金人在撤离燕京地区时，把城内的金帛财物、官员百姓洗劫一空，仅仅将一片狼藉的空城留给了宋朝。宋徽宗又不得不为维持这座空城的发展投入大量的人力物力，但是宋徽宗似乎没有意识到自己的损失，他和官员们一直沉浸在收复燕京地区的喜悦之中，完全忽略了自己为这座空城所付出的巨大代价，也没想到宋朝马上就成了金国的下一个目标。亡国的钟声敲响了。

金人打败了辽国，又从宋朝得到大批的财物，实力大增，欲望也大增。此时，宋金的矛盾也凸显了出来。宋徽宗宣和五年（1123年），金太祖完颜阿骨打去世，他的弟弟完颜晟即位，也就是金太宗。在金国服丧期间，原来已经降金的辽国将领张觉叛金降宋，而且宋徽宗接纳了张觉的投降，引起了金人的极大不满。金国就以此为借口，攻占了太原，并夺取了之前归还给宋朝的燕京，并准备一举攻破宋朝的都城汴京俘获宋徽宗。

气势汹汹的金军着实把宋徽宗吓了一跳，未曾料想到昔日的盟友反戈一击，冲着自己来了，自己哪里是这般野蛮人的对手。此刻徽宗能想到的就是逃之夭夭，保全自己的性命。

慌乱之中，徽宗将自己做了20多年的皇位传给了儿子赵桓，自己逃离了这个是非之地。赵桓由此即位，也就是后来的宋钦宗，改元靖康。但是简单地换国主、易年号就能阻挡金军南下的铁骑吗？此时的金军的大队人马已经渡过了黄河，朝京城汴京袭来，宋朝的江山危在旦夕。

开封围城战

北宋真是一个多灾多难的朝代，每一代皇帝都有诸多的烦心事，而且祸患似乎愈演愈烈。从北宋中期开始积贫积弱的局面就越来越严重，而且党派分立，奸臣宦官掌权，朝政一片混乱。事情往往是由内而外发生的，内部的状况不断，必然削弱抵抗外敌的能力。终于，内部混乱的状况终于为北宋王朝招来了劲敌。

来势汹汹的金军给了已经摇摇欲坠的北宋致命一击。金人的目的就是直捣北宋的京城汴京。金人扬言要攻占汴京，俘获皇帝宋徽宗。

昏庸无能的徽宗被虎视眈眈的金军吓怕了，他对自己统治了20年的烂摊子实在是无能为力了，于是匆匆传位于太子赵桓。徽宗的仓皇出逃，使京城里变得更加混乱。资质平平的钦宗丝毫理不出头绪。

就这样，宋朝在自己占优势的情况下，与金人缔结了城下之盟。

为了求得金人撤军，宋朝付出了太多太多，从宋人手里得到了大量好处的金人，也小小地满足了一下宋人的愿望。然而宋钦宗倾尽全国的财富去讨好金人，换来的却只是一时的安宁。这种安宁的环境实在是太宝贵了，因为它是那样的短暂。或许在金人眼里，承诺根本就算不上什么，利益永远是摆在第一位的。

金军虽然退出了京师，但他们并没有因此而停止对北宋的攻击。靖康元年（1126年）八月，金太宗决定再次对宋朝进行大规模的进攻。金太宗任命完颜宗翰为左副元帅，完颜宗望则被任命为右副元帅，二人分别从西京、保州南下，目标就是汴京开封。

宗翰率领的西路军从西京出发，直扑太原。此时的太原因为金军长达八个月的围困，城内已经箭尽粮绝了。战士们先吃牛、马、骡等牲口，牲口吃完了以后只能靠弓箭的筋和皮甲来充饥。许多军民战死、饿死，剩下的也已经饿得连武器都拿不起来了，状况十分凄惨。在金军的猛烈进攻下，宋军最终没有保住太原，九月初三，太原失陷了。但宋将王禀仍然率领疲惫不堪的军民同金人展开巷战。王禀宁死不做金军的俘虏，最后纵身跳入汾河，以身殉国。

太原失陷，消息传到京师，朝廷上下全都震惊了。金人退出京师也没多少日子，这么快就给宋朝杀了一个回马枪。金军势如破竹，步步紧逼，宋朝的江山告急。此时的宋钦宗和朝廷官员在干什么呢？面对咄咄逼人的金军，这些身居朝堂的人竟然又为是战还是和的问题争吵了起来。主战派有徐处仁、许翰，他们认为在这江山危急的时刻必须破釜沉舟，全力抵抗金人的侵袭。而耿南仲、唐恪则认为金人来势汹汹，战则必败，议和才是最好的办法。吴敏之前一直是主战派，此时他却也站出来反对作战。宋钦宗本来就没有什么主见，也没有什么主政的经验,现在大敌当前,朝廷上下又战和不一,钦宗也不知所措了。已经赋闲在家的老将种师道立即上奏钦宗,指出此次金军南侵势力庞大,恐怕不是轻易能应付得了的,因此一定得做好迎战的准备。

但是怯懦的钦宗在登基之初就认为金人兵力庞大、势不可当,一直抱着求和的想法。因此,这次金军又一次南下攻宋,宋钦宗依然寄希望于割地求和。他又与主和派站在了一条战线上,认为只要将太原、中山、河间三镇割给金人,他们自然就会退兵。他们哪里知道,区区的三镇之地怎能满足金人的胃口,金人看中的可是大宋的江山。

金人依旧照原计划行事,势如破竹,其锐不可当。金军即将渡过黄河南下,消息一传来,宋钦宗立即派康王赵构和大臣王云为割地求和的使者,前往金营。

同意与宋人和谈其实只是假象,只是为了麻痹宋朝,金人依然在加快南侵的步伐。完颜宗翰自从攻占了太原以后,继续挥师南下,势如破竹,攻占平阳,占领隆德府,一路长驱直下,向黄河边挺进。

康王赵构奉命去金营谈判,走到磁州时,磁州知州宗泽正率领军民备战。宗泽认为金军不讲信用,此去可能凶多吉少,他劝康王不要去金营,当务之急应该是起兵援助京城。

金人南下的趋势锐不可当,到了十一月下旬,有两路金军先后到达了东京,一时间,大兵屯集,黑云压城,东京汴梁陷入万分紧急的境况。汴梁城内的军民面临的是死亡的威胁。此时赵桓慌了手脚,平时一味主张求和的他没有想到金人的步伐如此之快,一下子就打到家门口来了。完全处于被动局面的赵桓在金人强烈的攻势下只好硬着头皮应战了。他一面将守城的七万士兵分成五军,一面又命大臣们出谋划策,以击退金人的进攻。

然而,就在这生死存亡的紧要关头,军国大事还是被视作儿戏,朝廷在慌乱之中病急乱投医,什么人都敢用,也因此上演了极其荒唐可笑的一幕。

有一个名叫郭京的人自称神通广大,会"六甲法"的法术,可以凭借他的法术招来天兵天将，轻而易举地生擒敌人元帅，消灭敌军。他向赵桓保证，只要给他7777个人，他就可以凭借他的法术退敌。昏庸的宋钦宗竟然相信了这一江湖骗子的术数，决定用郭京的天兵天将与敌人决一死战。

不久，一切准备就绪，郭京发功的日子到了，他命令撤走城上所有的守军，以免有人偷看，导致法术不灵。施展了法术之后，他命人大开城门，命他的六甲神兵出城迎战。这些所为的神兵不过就是临时凑起来的一群乌合之众，连普通的士兵都不如，哪里有什么刀枪不入的法术。这些神兵最后的结局就是全部被金人歼灭。幸好城门及时关闭，金人没能趁势侵入城内。这位郭神仙见大事不妙，找了个借口就溜走了。就在此时金人攀城而上，发现城墙上竟没有守兵，就这样，苦苦坚守了一个多月的京城，让一支荒诞的神兵给毁了。

一个江湖骗子，轻易地葬送了三千里大好河山。一切都晚了，金人的铁骑已经踏进了开封，大宋江山保不住了。

宋都开封自五代后建立，中原王朝惨淡经营了两个世纪。北宋自宋太祖赵匡胤建国以来，历经9世，近170年江山社稷，就这样毁于一旦。一个刚刚兴起的游牧民族政权就这样将一个中原王朝击败了。

靖康之难，奇耻大辱

宋朝沦落到这样的境地其实是意料之中的事。在那个以实力论英雄的年代，成者为王败者为寇的现象司空见惯。一边是杀气腾腾的游牧民族，一边是日薄西山的中原王朝，孰强孰弱自然很清楚。不过宋朝最终的结局实在太过凄惨了，百般地委曲求全最终也没讨得金人的满意，数不胜数的金银财物、人口甚至是土地都双手奉上了，金人仍未改其既定的方针，一味地隐忍退让反而使敌人变本加厉。北宋王朝的气数尽了。

靖康二年（1127年）二月初六，对于大宋王朝来说，是一个耻辱难忘的日子。金人废除钦宗和徽宗，将二人贬为庶人。当钦宗被迫脱去龙袍时,随行的李若水抱住钦宗不让脱,还大骂金人,金人恼羞成怒,将他折磨至死。

金人的既定目标是夺取大宋江山,宋朝是赵家人的天下,当然赵家人就难逃此劫。钦宗已经成了金人的阶下囚,金人也不会轻易放过上皇徽宗和其他皇室成员。

二月初七,金人又传来旨意,让太上皇徽宗和太后等人出城前往金营,美其名曰使一家人早日团聚。宋朝大臣莫不放声大哭,大臣张叔夜认为,金人诡计多端,钦宗皇帝已经一去不复返,此次金营之行一定是凶多吉少,太上皇万不可前往。他表示,愿意率领众将士誓死保卫上皇突围。怯懦的宋徽宗哪里有这般胆识,他当政期间就没有对抗金军的气魄,更何况现在国破家亡的悲惨时期。他没有这个胆量,金人说什么他就会做什么,而今金人让他去金营,他也不敢耽误。只是他可能还不明白金人真正的意图。金人就是想将皇室子孙一网打尽。赵佶和太后乘坐牛车缓缓驶出了龙德宫,驶出了京城,走上了有去无回的不归之路。

几乎所有的皇室子孙都没能逃得过此劫。金人拟定了一份赵氏宗室的名单,就这样,赵佶的儿子、帝姬、嫔妃、驸马等还有赵桓的太子、嫔妃以及所有赵氏宗室的人几乎无一幸免。而且全城搜捕宗室的工作也展开了。开封府尹徐秉哲命令坊巷五家联保,不得藏匿皇室成员。在短短的几天时间里,共抓获皇室3000多人,并将他们的衣袖绑在一起,相互挽行至金营。

北宋就这么灭亡了,而且结局如此惨不忍睹。东京汴梁被金人轻而易举地攻破了,国土沦陷,财富、人口几乎被洗劫一空,皇室子孙也都成了金人的阶下囚。宋朝的江山成了金人手中的玩物。然而,金人毕竟是一帮蛮夷之人,他们虽然是胜利者,却在面对大片被占领的土地时表现出了茫然。这是他们一手造成的,他们的铁骑踏过之处一片荒凉。财富被洗劫一空,中原境内完全是一片狼藉的景象,而统治这片领土的赵家人也都成了他们的阶下之囚。当务之急就是为中原王朝寻找一个异姓统治者。

经过众人的推选，张邦昌成为金人的锁定目标。张邦昌曾经与康王赵构一起在金营做过人质，对金人摇尾乞怜，极尽谄媚。所以在金人眼里，张邦昌似乎是一个不错的人选。三月七日，在金人的主持之下，为张邦昌举行了册命之礼，就这样，在金人的支持下，张邦昌建立了一个傀儡政权，国号大楚。

金人在扶植张邦昌建立傀儡政权的同时，也没有忘记对北宋人民的掠夺。金人所到之处，无不烧杀抢掠。金人的野蛮行径给广大人民带来了深重的灾难。

或许在金人看来，他们已经得到中原王朝的一切了。宋朝的领土现在驻扎着金人的军队，宋朝的财富也被他们搜刮得一干二净，宋朝的皇室也成了他们的阶下囚，一切都是那么顺利。整个中原王朝完全被他们颠覆了，金人如释重负，松了一口气。于是在靖康二年（1127年）的三月底，金人开始撤离东京汴梁，已经成为金人俘虏的徽宗、钦宗二帝以及后妃、皇子、帝姬、驸马等470余人，宫女、工匠、教坊乐人等3000余人，被分为七批先后押解北上。

上皇赵佶、郑太后以及亲王、皇孙、驸马、公主、嫔妃等在内的一批人，由完颜宗望负责押解，沿滑州北上；另一批赵桓、朱皇后、太子、宗室以及大臣何栗、孙傅、张叔夜、陈过庭等人由完颜宗翰负责押解，沿郑州北上。各路人马约定在燕京齐会。当然，被金军掠去的还有朝廷各种礼器、古董文物、图籍等，北宋王朝的府库蓄积为之一空，这就是历史上有名的"靖康之变"。

徽宗这批人分乘近千辆牛车，就这样在金人的驱使下从青城出发了，凄风苦雨，凄凄惶惶，受尽屈辱折磨，这一路的辛酸苦楚也只有他们自己最能体会。早知今日，何必当初。今日的被掳完全是由昔日的昏庸导致的。生于忧患，死于安乐，这是亘古不变的真理。身为一国之主，只是享受作为帝王的荣华富贵，而置人民于水深火热之中不顾，是为天理所不容，最终也就换来如此凄惨的下场。

南宋卷

偏安南隅，中兴无力崖海沉沦

第一章

泥马渡康王,卷土重来

死里逃生的赵构

御书房内鸦雀无声,钦宗满怀着期待地用锐利的目光从每一位亲王的身上扫过。只是依旧无人说话,御书房内静得可怕,一切仿佛静止了一般。片刻,钦宗满目的失望,气氛紧张尴尬。此刻召开的是皇族会议,成员为钦宗的13个弟弟。

金军此次南下意在攻其都城开封,一举灭掉大宋,这不是一些小恩小惠所能打发得了的。金军逼近开封时,李纲挺身而出,亲率将士,把攻城的金军击退。而带领金军攻打开封的将领是斡离不,斡离不见李纲把京城的守备设施布置得十分严密,一时难以攻克,就采取两面战术,以攻战为主,以议和为辅,一面积极备战,准备再一轮攻打开封,一边又派使者给徽宗送去议和的情报。

听闻金有议和的迹象,这对于恐金的钦宗来说,无异于抓住了一根救命稻草,他紧急张罗议和事宜,唯恐金变卦。最终议和达成,无非割地赔款。钦宗自然是全盘接受,只是有一点令钦宗头痛不已。斡离不要求徽宗以宰相、亲王为人质护送金军过河,这点把钦宗给难住了。宰相好说,以皇上的威严随便拉个人,他不敢不从。不过,这亲王的人选着实难以确定,谁都知道此行凶多吉少。作为长兄又怎么好以皇帝的权威来命令弟弟去冒险,这真是把钦宗给急煞了。心中焦急万分的钦宗,下令召开皇族会议,希望有人自告奋勇,挺身而出。

"皇上，臣弟愿去。"这句话犹如黑暗之中的一道曙光，使所有人的目光都转向了大步流星走来之人。此人正是康王赵构，这个一向处事低调的亲王，在此时赚足了众人的眼光。钦宗自是激动万分，他对这个皇弟的关心一向不多，没想到今日康王能够主动请缨，这让钦宗刮目相看。

"九弟，此去金国九死一生，你可要想好了"。钦宗自是要客气一番，"他日你平安归来，朕封你为太傅，加节度使。"说罢，钦宗从御座上走下，紧紧握住赵构的手，他终于卸下了心中的重担。"臣身为皇子，理当为江山社稷尽一分力，为皇兄分忧解难。"赵构说得义正词严、不卑不亢，令在座的亲王汗颜。钦宗更是几近哽咽。"朝廷若有用兵之机，勿以一亲王为念。"赵构最后一句话，更令在座各位唏嘘不已。

明日启程的圣旨已经传来。

赵构回到府中告别了爱妻柔福，又到宫中拜别母亲。韦氏在宫中依旧不得徽宗宠爱，她只有赵构一个孩子，若是赵构一走，就真是孤苦一人无依无靠了。况且，这一去回来的概率又未从可知，韦氏自然不希望赵构去冒险。赵构自小与韦氏相依为命，韦氏知道赵构凡事都有自己的主见，脾气又倔强得很，规劝是没有用的。韦氏一番嘱托，呜咽不已，泪送赵构离开。

父皇自然也是要拜别的，站在这个既陌生又熟悉的人面前，赵构没有太多的话语，只希望徽宗能够善待母亲。面对这个自己不曾给予关怀的儿子，徽宗当然会满足赵构这小小的心愿。徽宗当即下旨封韦氏为韦贤妃，并让其寝宫紧挨徽宗寝宫。没有了后顾之忧，赵构也就了却了心愿。他环顾宫殿，他甚至不知道这是不是自己待在皇宫里的最后一天，面对未来，他心中一片茫然。

这天，宋钦宗率文武百官为赵构一行送别，同行的宰相是张邦昌，这年赵构才19岁。

来到金军大营后，赵构每日诵书练武，神态坦然，若无其事，一切仿若在自己府邸。史书记载"金帅斡离不留之军中旬日，帝意气闲暇"。与此形成鲜明对比的是，那宰相张邦昌却是个窝囊至极之人，他整日哆哆嗦嗦，畏首畏尾，真是丢尽了大宋的脸面。几天下来，宰相张邦昌已经把自己折磨得不成样子。

金军统帅斡离不对宋人十分看不起，他几次想要给宋人下马威，吓唬吓唬他们，却都被赵构从容应对，反倒成了斡离不自讨没趣。

这日，斡离不看到赵构在射箭，不禁来了兴致。以斡离不对宋人的了解，宋人大多重文轻武，武功稀松。斡离不怀着看好戏的心态，悄声走向前去。但看那赵构将弓竖起，拉弓扣弦，连发三箭，三箭竟围着靶心成品字形排开，再看那弓，竟有一石五斗。这让斡离不目瞪口呆，一个19岁的亲王能有这么大的本领，真是稀奇。这个赵构肯定不是宋朝亲王，宋廷竟如此欺骗他们，弄了个将门虎子来冒充亲王，实在是太过分了。斡离不心理上受了巨大的打击，愤然离去。

赵构在金营之中不卑不亢地应对着斡离不的诘难，而宋廷内部却正在激烈的对峙之中。因金兵入侵，宋朝各路勤王兵马都云集京师，将军姚平仲认为应该趁着金兵刚刚班师回营，还未站稳脚跟，夜袭金营一举把他们消灭。这一提议，得到了部分朝中大臣的支持。只是，钦宗犹豫了，一来金国兵力强盛，钦宗害怕金兵卷土重来；二来他的九弟还在金营为人质，这一出兵必定把赵构逼上绝路。但是，要成就大业的心愿让此刻的钦宗热血沸腾，他下旨让宋将姚平仲率军袭金营。

金国能这么迅速打到开封，自然早在开封城内安插了卧底。夜袭金营的消息很快就传到了斡离不的耳朵里，斡离不很快做好了应对之策。结果可想而知，宋军惨败。这件事惹恼了斡离不，他把赵构和张邦昌找来质问。"邦昌恐惧涕泣，帝不为动"这更增加了斡离不的疑虑了，"斡离不异之，更请肃王"。

赵构的五哥肃王赵枢来了，肃王签了割三镇的条约后留在金营成了人质。赵构被遣回，他的从容不迫使其逃过一劫。在金国做人质的这段经历让赵构对金的了解加深了，这对他日后的人生态度产生了极大的影响。

赵构平安回到宋朝,让徽宗和钦宗都非常高兴。钦宗兑现了当初的诺言,晋封赵构为太傅,加封节度使。这对于一个仅有19岁的皇子来说,确实是意外的收获。

金国如约退兵了,宋朝也要履行承诺割三镇。但这三镇可是北部边境的屏障,一旦被金国占领,京师开封不保,从今往后金兵入开封如入无人之境。听大臣再三陈说三镇的重要性后,钦宗开始冷静下来,后悔当时头脑发热。

割三镇的问题严重威胁到皇室的安全,可不能大意,三镇是万万不能放弃的。这样一想,钦宗一刻也不犹豫,立即调集禁军大举支援三镇。这让金大怒,金国再度挥师南下。同样的结果,宋廷既不能攻又不能守,金军直奔开封而来。

宋钦宗唯一的能耐就是议和,但是这次金国似乎更不好打发。宋钦宗思索不能随便派个人去,他为表大宋诚意,决议找个亲王去议和。钦宗的脑海中浮现出赵构,唯有赵构。对,赵构是最佳人选。"须康王亲到,议和乃成。"皇帝下令,赵构只能听命前往。赵构这一走,就终生再也没有回开封,也正是这样,才使得他躲过了靖康之乱这一劫。古人讲因祸得福,这一点在赵构身上得到了应验。

这一次,赵构携带衮冕、玉辂等皇家礼器前去孝敬金太宗,跟赵构一起出使的是刑部尚书王云。只是此次,赵构一行并没有到达金国,赵构的命运也因这次出使彻底改变。

泥马渡康王

康王赵构和王云一路北行,经滑州、浚州,很快赶至相州。相州知府汪伯彦劝说赵构此行生死难料,不要去金兵那里。对于汪伯彦苦口婆心的一番劝阻,赵构十分感激。

不过,虽然赵构明白到了金国必定又是一场灾难,但是不去无法向皇兄交差。他几经思忖后,觉得与国家社稷相比,自己的生死应该置之度外。思及此，赵构慷慨激昂地一往直前，毫不踟蹰。

不出几日，赵构一行就到了磁州。正值金秋，金军粮足马肥，恰是出兵的好时期。宋朝主战派和议和派还在激烈的斗争，宋军哪里还有心思去防御，更不用说备战了。对于金国来说，此时不战，更待何时。金国没有错过这绝好的时机。很快，斡离不和粘罕率领的东路和西路金军如秋风扫落叶一般，以迅雷不及掩耳之势逼近开封，对皇城形成合围之势。战争进行到这里，金国哪里还有和谈的意愿，赵构更是命悬一线。

磁州知府乃老将宗泽，宗泽向赵构分析朝中内外的情况，力阻康王赵构继续北行。"肃王（赵枢）去不返，金兵已迫近，出使又有何益？"赵构也觉得非常有道理，他思量再三又想及皇兄不顾及自己的性命，两次将自己送往虎口的事情，心中倍觉委屈。

恰在此时，赵构随从在王云所带行李中发现了一顶金人经常戴的"番巾"。这件事让赵构十分震惊，王云的行囊中为何会有金人所用之物，莫非这个王云是金国奸细？赵构在心中将王云途中的表现一点一点细细回想，并没有什么破绽。不过，王云极力督促自己加快北上行程的一幕幕在眼前闪过，让赵构意识到了问题的所在。这一想，将赵构吓出了一身冷汗，金国的奸细居然就在自己身边，而且位及刑部尚书。赵构当下决定拒不北上。

赵构的这一决定至关重要，这是赵构从康王一直走到了南宋的开国皇帝——宋高宗的起点。试想，如果赵构就这么一路向北，他的结局会是怎样。从他的父皇和皇兄的结局不难得出结论，中国的历史又将是另一番模样。

听闻捉到金国奸细而赶来的磁州百姓，对金人痛恨不已，在宗泽的默许下，磁州百姓将王云拖出去活活打死。赵构目睹了这一幕，这让他见识到人民群众力量的伟大。这一幕也让他意识到如果能够运用这样的力量，什么样的大业成就不了？

随着金军的逼近，磁州日益危险。"且闻去年斡离不自遣康王归国后，心甚悔之，既闻康王再使，遣数骑倍道催行。"听闻大宋康王赵构逃走，斡离不急忙派军来追，途中被宗泽拦住，两军相遇一通厮杀。康王赵构则马不停蹄，直往南跑。开封是回不去的，只能往南跑了。赵构的决策十分英明，一来他抗旨拒不北行贸然回去无法向皇帝交代；二来开封正在金军的包围下，回去凶多吉少。在金国做人质的日子让赵构知道金军人强马壮、彪悍凶残。以今日之宋军是难以阻拦的，而今之计唯有快马加鞭、飞速前进。果不其然，金军冲破了宋军的防线，直奔赵构向南追来。

很快，赵构行至夹江边，他只见江水滔滔，大浪拍岸，无船无渡。前有江水当道，后有追兵，真是进退两难。偏在此时，他胯下之马竟口吐白沫，被活活给累死了。可谓是屋漏偏逢连夜雨，一连串的打击，使赵构面江长叹"天要亡我，一切听天由命吧"。赵构一面这样想着一面抬起头来，他看见夕阳西下，江中波光粼粼，无限美好，又想到自己命不久矣，更加惆怅。

金军铁骑从远处传来，这一刻的赵构想到"大丈夫终有一死，何惧也"。他的心里渐渐平静，随即看到右方有一座古庙，就走了过去。赵构抬头一看首先映入眼帘的是庙门旧匾上的五个金字，字迹模糊，依稀可见，书曰"崔府君神庙"。他再往里一看，这庙破旧不堪，不过这五个字确是金字，这让赵构诧异。

赵构走了进去，庙中空无一人。刚刚一番疾跑让他精疲力竭，他找个地方坐下稍作休息。片刻之后，他环顾四周，只见正对庙门的是一尊菩萨像，因长时间没有修整，破旧不堪，墙上的壁画几不能辨认。中国人大都有这样的思维，穷途末路之时，多寄托于神灵的庇护。只见赵构撩起衣裙，在菩萨面前祈祷，恳请菩萨保佑他能脱此大难，日后必定积德行善，保境安民，重修庙宇。而后，行礼叩首，虔诚至极。再看菩萨旁边，乃一匹泥马。这泥马栩栩如生。赵构走过去绕马一周，手拍马背，心想："马儿，马儿，奈何你只是一匹泥马，若是能载我过江那该多好。"赵构这样想着，苦笑一声，摇头长叹。

金军马蹄之声已隐约传来，赵构知道此次已是穷途末路，厄运难逃，索性也不做最后的挣扎了。他坐在菩萨像前的蒲团上，闭目养神。这时，他忽闻马蹄，赵构诧异地睁开眼来。只见那菩萨旁边的泥马竟成了活生生的真马。庙外已见火把点点，耳闻马蹄嗒嗒，金军已至。回过神来的赵构来不及多想，立即上马提起缰绳飞奔而出。赵构喜形于色，心想真是天助我也。但那马直奔江边而去，任凭赵构使出了所有的法子也不能使其改变方向。

"马儿你若是诚心要救我就不要往江边跑了，那江宽有数丈，大风大浪，又无船，咱们是过不去的。"赵构心中想到。但那马丝毫不理会赵构所思径直向江边奔去，赵构的心情从死里逃生的喜悦又回到了面临死亡的绝境。

到了江边，赵构抱着必死无疑的决绝，闭上了眼睛。眼见金军追来，这千钧一发之时，那马长啸一声，跳入滚滚的江水之中。死都不怕了，还有什么可怕的。赵构睁眼一看，只见周围波涛汹涌，自己依旧骑在马背上，长袍已经被打湿，冰冷的江水一波一波向自己扑来，生死关头哪里顾得了这些，赵构紧紧抓住缰绳。不消半个时辰，人马都已站在岸上了。

赵构这下彻底松了一口气，对岸的火把点点，清晰可辨，金军自然是追不过来的。赵构忍不住仰天大笑，他想着前一刻自己还站在死亡线上，差一步就见了阎罗王。思绪回来，再看那马时，那马竟化成了泥巴。赵构怀着感激之情朝那滩泥巴拜了三拜，转身离去。这真是"天枢拱北辰，地轴趋南曜。神灵随默佑，泥马渡江潮"。这一经历让赵构终生难忘，赵构当上皇帝之后，曾多次派人去修缮崔府军神庙，并亲自去参拜。这都是后话。

赵构一路奔波，不知应该在何处落脚。相州知府汪伯彦听说了此事，亲自带领兵马来迎接赵构，在这落魄之时，汪伯彦如此待他，无异于雪中送炭。赵构把这份恩情暗暗记在了心里，汪伯彦日后的锦绣前程与这事不无关系。

赵构凭借泥马的相助躲过了一劫，走上了复兴宋室之路。这个故事渐渐在民间流传开来。赵构本就庶出，无缘皇位，但靖康之变中金人把赵宋皇室的龙子凤孙全部掳走，使赵构因祸得福，成了唯一的幸存者。历史选择了赵构，而"泥马渡康王"的传说又给赵构真命天子的身份增添了一份神秘色彩。

赵构即位，大势所趋

金人占领开封以后，中原宋朝军民深受金人压迫之苦，展开了各种形式的反抗活动。金人把主要精力都用于对付这风起云涌的反金斗争，根本无暇顾及张邦昌的伪楚政权。

张邦昌这皇位坐得实在不怎么安稳，以至夜不能寐。这样心惊胆战地过日子，不折寿才怪。大楚政权是金人所立，宋朝军民对金人恨得咬牙切齿。此时金人已经忙得不可开交，哪有工夫顾及他张邦昌。虽说张邦昌是迫不得已被推上皇位，愤怒的军民百姓哪还会顾及这么多，金人一走，张邦昌必定成为出气筒。以现在形势看，一些官员已经拒绝接受张邦昌的号令了，那嚣张的气焰，张邦昌哪里能承受得了。

张邦昌毕竟是传统封建观念体制教育出来的书生，自有着浓厚的正统观念，如今的所做所为完全违背了他的价值体系，背着良心的谴责，张邦昌生不如死。张邦昌左思右想，得把这位置赶紧让出去才是上策。

张邦昌一番思考后物色到人选了，一个合情合理的人选，他想到了孟氏。

孟氏是北宋哲宗的皇后，它因为得罪了皇帝，出家做了道士。在金兵围攻开封的时候，所住的宫殿恰逢失火，就暂住其弟家中，使得金兵俘虏宋朝宗室时得以幸免。正是这场大火挽救了她的性命。就这样，这个已经不问世事的妇道人家又重新被推上了历史的舞台。

张邦昌认为这孟氏虽不姓赵，但她毕竟曾经是赵家的正牌媳妇，把政权还于她，由孟氏垂帘听政，这也说得过去。

孟氏的出现为张邦昌暗无天日的日子点亮了一盏明灯，张邦昌还政于赵氏，安然退出。

张邦昌的大楚皇帝就做了33天，皇后孟氏入朝，恢复元祐的年号，中原政权又一次变革。

将一个王朝的复兴寄托于一个妇道人家，自古是没有先例的，尤其是在这样一个男权主义的封建社会更是不被允许的。孟氏垂帘听政只是权宜之计，长久之计就是要找一个真正能继承大统的合适人选，这就让人自然而然地想到康王赵构了。其实在大楚建立伊始，就有好多宋臣身在曹营心在汉，时刻伺机倾覆大楚，重建大宋王朝。门下省的吕好问就曾经向康王赵构上书，要求赵构理朝登基。只是康王赵构没有作出答复，令其好生失望。

此时，在济州避难的康王赵构看金人从开封撤兵，就又回到了大本营相州，屯兵，养精蓄锐。开封城内发生的一切，赵构只是冷眼旁观，不曾插手。此时康王已经手握重兵，并且是徽宗众多皇子中仅存的一位，这就决定了光复大宋的重任只能由赵构来承担。

这时赵构需要站出来，必须站出来坐上皇帝的宝座，承担起重建国家的使命。当皇帝不仅是他的权利，更是他的义务。

张邦昌在还政于赵氏之后，感觉前途一片黯淡，仍旧是睡不踏实。他思量着，要找个可靠的靠山。他看众大臣都拥护康王，对政治的敏感驱使他走向了赵构，事实证明抱住了赵构这棵大树，确实是好乘凉。

张邦昌亲自去见赵构，一到赵构府邸就痛哭流涕，他把自己怎么着被逼迫不得已登上皇位，登上皇位之后的种种不悦，通通一把鼻涕一把泪地从头道来。然后他又信誓旦旦地说自己对赵氏绝对没有亵渎之意，对赵氏是如何的忠心耿耿，说得可怜兮兮，说得赵构都不忍心责罚。临走张邦昌还把刻有"大宋受命之宝"的传国玉玺献给了赵构，赵构推辞一番，终不抵张邦昌的坚持，最后以代为保管的名义收下。张邦昌后来又派人送去了亲笔书信，书曰：

乃眷贤王，越居近服，已徇群情之请，俾膺神器之归。由康邸之旧藩，嗣我朝之大统。

　　汉家之厄十世，宜光武之中兴；献公之子九人，唯重耳之尚在。兹为天意，夫岂人谋。

　　尚期中外之协心，同定安危之至计……

　　张邦昌力劝赵构即位，他说赵构即位完全是大势所趋、众望所归、顺应民意的体现。他把赵构比喻成历史上有名的中兴之主光武帝和晋文公，给赵构戴了一顶高帽，这个马屁拍得恰到好处。张邦昌在处理这件事情上，表现得毕恭毕敬，这不仅使他获得了赵构的同情，保住了脑袋，还使他在赵构那里谋得了一份太宰的好差事，当然这里面还包含着赵构对张邦昌让位于己的感激之情。

　　孟氏垂帘听政后，响应朝中大臣的号召，正式下旨给赵构，让他"由康邸之旧藩，嗣我朝之大统"。朝中大臣也纷纷上书给赵构，要其继承大统。

　　靖康二年（1127年），五月初一，赵构在南京应天府即位，改元建炎，史称南宋，赵构即宋高宗。这一年赵构刚刚满20岁，年仅20岁的他就这样接下了重建一个国家的历史使命。

第二章

偏安南隅避金国

夕罢免，良相成平民

　　张邦昌在还政于赵氏以后，高宗认为他"知己达变，勋在社稷"，特别给予优渥的待遇，后来又将他晋封为太傅。以如此快的速度高升，这在外人看来十分不可思议。不过在高宗看来，如果张邦昌贪恋皇位，自己根本不可能有机会登基，面对让位之举，高宗对张邦昌充满了感激之情。再者金人喜欢张邦昌，而他赵构还没有站稳脚，如果想与金议和，最好以张邦昌为中介，毕竟熟人好说话。李纲不明白高宗的这些心思，一心想要治张邦昌于死地，以泄心头之恨。

李纲对张邦昌的恨源于他自己坚持抗金，又忠于钦宗。而张邦昌既做了金人的走狗，又坐上了钦宗的位置，完全是跟李纲唱反调，走的是完全相反的路子。其实在这点上，如果只是一味地斥责张邦昌是一个叛国贼，未免不客观。张邦昌虽然当了金人的傀儡，但也是出自无奈。一城军民百姓的性命掌握在他的一念之间，他能做什么样的选择？保持自己的名节，然后置一城军民百姓的性命于不顾？若是这样的话，那他更是千古罪人。李纲这么坚定地要处死张邦昌，确实有些刚愎自用。李纲说的种种原因，并没有打动高宗让他下定决心处死张邦昌，不过最后一句话却真正触动了皇帝的心弦。

李纲说："陛下欲建中兴之业，而尊僭逆之臣，以此显四方，其谁不解体……如此，何以励天下士大夫之节？"要中兴宋朝大业，却任用张邦昌这样的叛逆之臣，给予其他退休功臣这样的待遇，老百姓辛辛苦苦抗金仍旧一无所得，天子臣民谁还会依附于这样一个是非颠倒的朝廷。高宗一听这话，陷入了沉思，这话的确有道理，为区区一个张邦昌而失德于天下，真是得不偿失，看来，张邦昌是非杀不可。虽然张邦昌于高宗有恩，但是为了千秋大业，也只有委屈他了。

当高宗做出杀张邦昌的决定时，张邦昌还舒舒服服地活在得意之中，最后，连头怎么落地的都稀里糊涂。在皇权社会里，一个人的生死就在权威的一念之间，令人不得不叹息。

李纲所说第二件事，更是说到了高宗的痛处。

徽宗、钦宗之事，是高宗永远的伤疤。高宗所想不过是希望天下人，以他为真命天子，效忠于他。另外，他自幼与母亲相依为命，不受重视，跟徽宗、钦宗，感情疏远，在前往金国做人质这件事情上，甚至对他们充满怨恨。如今李纲又一心为徽宗、钦宗，弃高宗于不顾，怎不令高宗厌恶。只是李纲所说的又合情合理,攻打金人,收复失地,迎回徽宗、钦宗为父兄报仇,这是高宗的本职。所以,高宗无言反驳,只得听其所言,命其练兵。

李纲"募兵""买马""募民出财助军费"忙得不亦乐乎,李纲为高宗的信任感激涕零,现下是其知恩图报的时候,当然会尽其所能,大展身手。李纲的所作所为确实卓有成效,南宋的军纪得以整顿,军队实力增强。然而,有得必有失,李纲所为,必然引起一些人的不满。

谏议大夫宋齐愈就对李纲招兵买马,令百姓捐资的做法颇有怨言。一则招兵之事,使士兵增加,为了满足新增士兵吃饭、穿衣,又要支出更多的军饷。新朝刚立,战争此起彼伏,加上刚被金人搜刮后的朝廷一穷二白,哪里有这么多的钱。再来买马之事,钱的问题暂且不提,就算朝廷有钱,该去哪里买马呢?西夏的马是很好,可是人家不卖给宋朝,宋朝的马拉到战场上,根本就是无用之畜。最后说说让百姓捐资之事,百姓如今自己的温饱都解决不了,怎么还有钱财捐献出来。要是把百姓逼急了,他们又要造反。此三事在此之时,不是长远之策,虽一时得以实行,后患无穷。

宋齐愈就把自己的看法写成奏折,想要呈给高宗。正是这份奏折,要了宋齐愈的性命。这奏折未到高宗手中,阴差阳错被李纲所得。李纲大展宏图之时,突然出来一个挡路虎,这是李纲不能容忍的,况且李纲手握大权,根本不需要容忍。就找了一个机会将其处死。

高宗对李纲所做的这两件事万分不满。相处数月以后,高宗越来越清楚地看到,李纲与自己所想存在的差异,李纲与自己渐行渐远,后来的又发生了两件事情使得高宗对李纲彻底失望。

一是都城问题。李纲力主高宗回銮开封,认为"宗庙社稷之所在,天下之根本",旧都开封不能放弃。开封对高宗来说,那里有太多不美好的回忆,况且,开封距离金人那么近,金人以前能够攻破开封,以后就能再次攻破开封,想起父兄的那段经历,高宗就胆战心惊,绝对不能重蹈覆辙。在高宗的心里,距离金人越远越好,惹不起还躲不起吗？回开封之事，他心中十万分地不乐意。

李纲看劝说高宗回銮开封已不可能，就让一步。说，不回开封也行，最起码也要在中原定都。"自古中兴之王，起于西北者则足以据中原而有东南，起于东南者则不能复中原而有西北。中原一失，东南不能必无其事，虽欲退保一地而不可得也。"李纲的一番苦心并没有留住高宗，后来金人一来，高宗就一路南逃，最后退避东南而自保。果如李纲所说，东南一隅的南宋终其一朝也没有收复失地，只是苟延残喘，抱一隅而以为天下。

二是对金人的态度问题。金人听闻张邦昌被宋廷所杀，以此为借口再次引兵南下。高宗不敢迎战，想要退居东南，与金议和，以求安稳。李纲养兵千日用兵一时，当然主张开战。李纲以"偷安于一时，忘祸于其后"力劝高宗不可怯战怕事。高宗与李纲在对待金人态度上的差异，使高宗对李纲越来越不耐烦。

就这样，高宗对李纲的耐心已经到了极点，恰在此时，黄潜善、汪伯彦和张浚弹劾李纲滥杀无辜"有伤新政"，整顿朝纲又"独断专行"，给李纲加了十几个罪名，要求罢免李纲。李纲在朝中已左右树敌，自知无法前行，就提出了解甲还乡的要求。高宗借此机会，罢免了李纲，李纲这个宰相仅仅做了75天。俗话说道不同不相为谋，李纲所走的道路完全超出了高宗所能容忍的范围，最后被罢免也在意料之中。

"过河"而亡论

金人听闻张邦昌被宋廷赐死，哪里咽得下这口窝囊气，于建炎元年（1127年）九月再度挥师南下。此次南下分中、东、西三路大军，依其规模和范围来看，金人此次是倾尽所有，有克中原、灭南宋之势。三路大军势如破竹，一路南下，中原地区除开封外竟被全部攻下。

高宗得知金军南下的消息，并没有进行积极的防御工作，而是悄悄制订了完整的逃跑计划。他事先将元祐太后孟氏送往扬州，自己则准备择机而逃，不过，在高宗退避江南之意刚出时，太学生陈东和欧阳澈就上书劝说企图阻止皇帝逃跑。

此时的高宗身边净是一些贪生怕死的逃命之徒，坚定的主战派李纲已经被罢免，而老将宗泽正远在开封与金人打得不亦乐乎。没有了这两个拦路虎，高宗自认为逃跑之事可以没商量地一致通过。

谁知在这节骨眼儿上突然冒出来两个不知死活的人，惹恼了生气中的老虎。高宗看了他们两个的上书，板着脸生气，恨不得杀之而后快。只是太祖皇帝有遗训：不杀士大夫，不杀上书言事者。高宗不想破坏祖训，只好耐着性子好言相劝。

不过，这二人既不识抬举，又不知好歹，竟再劝高宗罢免黄潜善、汪伯彦，更请高宗回銮开封，御驾亲征，迎回二帝。两个太学生的作为无异于火上浇油。金人骑兵又不是没有见识过，这哪里是宋军舞刀挥枪所能够抵挡的，两个太学生让高宗亲征赴险，这不等于蚍蜉撼大树，简直就是自不量力。难道羊入虎口就是他们希望看到的结果，这一群人太没有良心了。黄爱卿与汪爱卿平日最得高宗宠信，自从有这两个心腹，什么事情都好办，可是如今却让高宗罢免他们，明明就是居心叵测。再者，若是将父兄迎接回来，赵构哪里还有立身之地。

高宗越想越气，身为臣子不但不能为皇帝解忧，反而处处与皇帝作对，心中生了杀念。再加上黄潜善平素就与陈东积怨，这时又在高宗旁吹起了耳边风，高宗就下令将二人诛杀，开了杀士人的先例。高宗还宣称"有敢妄议惑众阻巡幸者，许告而罪之，不告者斩"。此事一开，谁还敢进言，那就是死路一条。这样高宗身边就真的只剩下主和的贪生怕死之辈了。高宗逃跑的障碍去除，路铺平了。

高宗终究是逃跑了。建炎元年（1127年）十一月，高宗一行乘船赴扬州。高宗自知逃跑之事不得人心，但是不逃跑只有死路一条。宋军根本无法与金兵相抗衡。他不想重蹈父兄的覆辙，只能匆忙逃窜。高宗为求良心安宁，到达扬州后下诏罪己，说自己来扬州只是暂避一时，等时局稍稍稳定，就立即快马加鞭回京城。明眼人都能看得出来，高宗这话说得自己都心虚，这不过是为自己逃跑开脱的证词罢了。

高宗逃到扬州不由得长舒一口气，心中觉得安全多了。自从离开开封，高宗就一直过着颠沛流离的日子。高宗经常想，自己的命太苦了，同样是皇上，自己只能颠沛流离地逃命，整日担惊受怕会不会被人从皇位上赶下来。经历了那么多的朝局大变，此刻在高宗心里，任他战火纷飞，任他田园荒芜，这些都不再重要，及时行乐才是人生的真谛。扬州确实是一个可以行乐的地方，这里繁花似锦，这里温柔富贵，无须理会北方的金人和战争。

开封，宗泽正亲领士卒浴血奋战了数月。数月的攻取，金人仍不能打开开封坚固的防御壁垒。金人出兵已有时日，此时也几近弹尽粮绝，一番烧杀抢掠后，撤兵回府。

身在扬州的高宗听闻金人撤兵，心头的大石头终于落地。李纲被罢后，高宗任黄潜善为左相，汪伯彦为右相，黄、汪二人如愿以偿，二人辅政，朝政可想而知，当然不会有什么大的作为。宗泽多次上疏高宗乞求回銮，高宗都弃之不理，年近70岁的宗泽满怀忧郁，抑郁而终。高宗派杜充接替宗泽职务，杜充是坚定的高宗跟随者。自杜充上任之后，他将宗泽所筑的防御设施肆意破坏殆尽，又将义军遣散，令开封官兵失去了抵御能力。金人一走，以高宗为首的主和派自以为可以高枕无忧，过起了花天酒地的日子。

只是高宗并不知道，金人正在策划又一次的南下，这一次他们的矛头直指高宗，一场更大的灾难向高宗扑面而来。

建炎二年（1128年）年底，金人看宗泽已死，开封的防御设施已经瓦解，南侵再无所顾忌，就再次大举进犯中原。真是滑稽，让金人为难的开封防御，竟然是被宋人自己销毁的。有这样的朝廷命官，宋的命运已经注定。此次，金太宗下了一道讨伐高宗的诏令，要对高宗"穷其所往而追之"，搜山检海抓高宗的行动悄然展开。

金军依旧势如破竹，毫无抵抗力的宋军被打得落花流水，溃败不已，纷纷逃命。金军渡过黄河，一路南下，眼看就要打到扬州城了，战报传来之时，高宗正在寝宫淫乐，对于战报他将信将疑，他心想扬州在长江以北，怎么会这么快就攻到这里。可是他哪里知道南宋不曾积极防御备战，对于自己的军队几斤几两还不清楚，金军会打到扬州只是时间早晚的问题而已。

金军距离扬州只有十几里的路程了，一遍一遍的战报提醒着高宗，金人来了。这个消息犹如晴天霹雳让高宗从梦中惊醒。金军大军在即，由不得高宗不相信了。噩梦来了，高宗的逃亡之旅又拉开了序幕。此刻吓得魂飞魄散的高宗，什么也顾不得了，心中想到的唯一念头就是赶紧逃命。他推开怀中美人，穿上衣服，出了殿门，骑上快马狂奔而出，这些动作一气呵成。狼狈不堪地逃出扬州，乘船渡过长江，然后直奔镇江。

金兵到来，一国之君的高宗，却做了第一个从扬州逃跑的人。高宗置天下人于不顾，完全不怕天下人取笑，也许正因为长期习惯了逃跑，练就了厚脸皮。这真让人感慨，上行下效，其君如此，其臣子的作为就可以想象了。

高宗此次出逃，仓促而惊慌，只带着几个贴身的近侍，连宰相大臣都未来得及通知。皇帝的快马奔出扬州城时，有人认出了高宗，便向黄潜善和汪伯彦汇报，此时这两人刚从寺院听经回来，正大摆筵席，吃喝玩乐得性起，一听金兵逼近，皇上已经逃跑了，这两人顾不得君子风度，小人嘴脸立即暴露无遗，这两人立即策马而出，直奔长江方向而去。

金军到来之际，这就是南宋君臣的所作所为。金人来了，消息在扬州城传开来，只是皇帝跑了，宰相也跑了，军民百姓都没有了指望和寄托，都纷纷逃跑。这样一来，整个扬州城就乱了，好不容易从城门逃出，到长江边上。这时，一声"黄老爷"，让百姓的焦点都聚集在了一个叫黄锷的官人身上，愤怒的百姓蜂拥而上，将其践踏而死。可怜了冤死的司农卿黄锷。百姓平时很少见到大人物，听到有人喊"黄老爷"还以为这个黄老爷是黄潜善。百姓对黄潜善和汪伯彦这两个奸臣痛恨不已，本想出口恶气，却让他逃过一劫，让这个倒霉的黄锷当了替死鬼。

聚集在江边的人越来越多，可是，这个时候当然不会有那么多的船渡江。没有了出路，只能等待厄运的到来，这时金军也已经赶到江边，没有逃走的军民百姓手无寸铁，只有被挨打的份儿，百姓死伤无数。

幸好天公作美，这时天上下起了倾盆大雨，狂风巨浪，船根本无法行驶，金人面对这样的情景，束手无策。金人在扬州城又是一番烧杀抢掠，满载而归。

高宗在镇江喘息片刻，等从扬州逃出的官员赶到，率领这些人，又是一路南逃，直到杭州，才安顿下来。

第三章

秦岳奸忠的角力

乡兵小卒

靖康元年（1126年），枢密院官员刘浩招募士卒，岳飞就应征入伍。他最初在相州参加了大元帅府的军队，因为作战英勇屡立战功，被提拔为秉义郎。高宗在应天府称帝不久，金军南下，朝中君臣准备迁都南逃。岳飞对这一可耻行为强烈不满，虽是一名小将，却呈上《南京上皇帝书》，洋洋洒洒几千字，斥责高宗和朝中大臣，并要求高宗"亲率六军"收复中原。"陛下已登大宝，社稷有主，已足伐敌之谋，而勤王之师日集，彼方谓吾素弱，宜乘其怠击之。黄潜善、汪伯彦辈不能承圣意恢复，奉车驾日益南，恐不足系中原之望。臣愿陛下乘敌穴未固，亲率六军北渡，则将士作气，中原可复"。岳飞性情耿直，心中所愤只想一吐为快，却没有顾忌后果。结果可以想象，岳飞被"夺官归田",给他定的罪是"越职言事"。因为不识时务,岳飞又成了一介草民,一切还得重新开始。

　　岳飞又一次参军,入了王彦领导的八字军。此时岳飞更是胆识过人,他曾单枪匹马入金营,杀金将黑风大王而回。在跟随王彦收复新乡后遭遇金军,为金军所击败,岳飞与王彦作战方针上出现分歧。王彦作战保守,在岳飞缺少粮草时又不及时供应。"二帝蒙尘,贼据河朔,臣子当开道以迎乘舆。今不速战,而更观望,岂真欲附贼耶!"岳飞心急气盛,领兵负气离开。毕竟还年轻,岳飞出走后,弹尽粮绝又无依无靠,而王彦却越来越受到高宗的重视,势力越来越大。平静下来,好汉不吃眼前亏,岳飞决定服个软,就赶往王彦军营负荆请罪。王彦还算大度,没有动用私刑,而是把岳飞交给了主帅宗泽。

　　宗泽早听闻岳飞名气,看他虽是一员小将却是有勇有谋,对他极为赏识,就把岳飞留在了自己身边,任命他为都统制。岳飞虽"勇智才艺,古良将不能过",但是不按章法出牌,打仗很是随心所欲。宗泽本是一介书生,后来依兵书自学兵法,打仗很讲究布阵,但是岳飞恰恰与之相反,宗泽看不下去了,就狠狠地教训了他一顿。岳飞却说:"阵而后战,兵法之常,运用之妙,存乎一心。"宗泽一听,心想,这小子还真有自己的一套,认定他非池中之物,对他更是赏识。

　　宗泽一心报国却被统治者所忽视最后愤愤而终。他死后,高宗宠臣杜充接管了宗泽的职务。这个杜充是个十足的草包,他接任东京留守职务后立即进行了大刀阔斧的改革,不仅将宗泽辛苦建立起来的东京防御体系破坏殆尽,还将宗泽招抚的抗金队伍纷纷遣散,自己则成了一个光杆司令。杜充的这些做法,引起了众多将领的不满,纷纷愤然离他而去。正因如此宋军的战斗力显著下降,根本无法阻止金人的进攻。

　　金人一到,杜充立马倒向金人阵营,金人不战而胜。金人承诺给杜充一个中原皇帝做做,让他当第二个张邦昌,不过,这是一张空头支票。刘豫登上皇位后,杜充的希望彻底破灭,后来还被人告发完颜宗翰以"阴通南宋"的罪名将他抓了起来。经历一番严刑毒打，杜充哭爹喊娘大呼冤枉。自作孽不可活，杜充得此报应，都是自找的。

金人轻而易举渡过长江，宋军溃败不已。溃败中，有一支小队且战且退，细看才发现领军竟是岳飞。宗泽死后，岳飞成为杜充手下的大将。岳飞对杜充的所作所为实在是看不起，但是身为属下又实在是不能做什么。此次金军南下，杜充手下大军，只有都统制陈淬率军三万去抵抗，岳飞也参加了此次阻击战。一场大战下来，两军实力相当，但是，金军支援不断，宋军将领个个贪生怕死，不敢蹚这浑水，眼不见为净，能躲多远就躲多远。孤军奋战，纵使再勇猛也难逃溃败的命运了。陈淬战死，岳飞率残部转战到宜兴境内。

在宋金抗争中，时常可以看到这样的情况，宋军中有少数将领奋勇杀敌，能与金人打个胜负相当，可是到最后，往往因为得不到支援、孤军奋战而失败。这里面的蹊跷让人想破脑袋也想不明白，打退金人，重获安宁，这可谓当时众人心中所想，可是宋军总是以旁观为乐。可以想象，以宋军之庞大，若是能团结一致，可以说无往不利。可惜太多的宋军将领不明白其中的道理。

岳飞在宜兴召集残兵败将，练兵抚民，静待时机，以求给金军出其不意的打击。机会终于等来了，金军北归途中，好容易从韩世忠的围堵中逃出的金军被岳飞发现。岳飞率军从宜兴出发，一路尾随。

完颜宗弼率军从镇江狼狈退回建康，此次战败，他实在是不敢大意了，立即着手建康城的防御工作，扎营结寨，开凿护城河。不过，这些都是虚张声势，完颜宗弼被韩世忠打怕了，哪里还敢久留江南，这些无非是为北逃所做的掩饰。高宗听说了这个消息后，以为完颜宗弼这么做，是要跟他高宗耗着，要久留江南等待时机卷土重来。刚刚得到喘息的高宗哪里容许这样的事情发生，他就赶紧招兵准备抵御之策。可是，众将都被金军吓破了胆，哪里敢去冒险。宋金两军就这么相持着。

岳飞率军来到距离建康城不远的地方，驻扎下来。他了解到金人想唱一曲空城计,认为这是一个绝好时机,就想主动出兵攻打,可是上级竟迟迟不下命令。将在外,军令有所不受,岳飞再也等不及了,便率军直入建康,果真把金人打了个措手不及。这时建康府通判钱需率领乡兵,从侧面袭击金军,金军两面受敌,狼狈从建康城撤出,建康城这个军事重地被收复。

一代名将

　　高宗身边一直缺少值得信任的心腹将领,当看到岳飞,见识了岳飞的军事才能的时候,高宗心动了,并认定了他,之后为拉拢他而不懈努力。加官晋爵,促膝长谈,委以重任,这都源于高宗对岳飞的信任有加。

　　岳飞声名鹊起,不过这些远远还达不到岳飞所要。岳飞要实现自己抗金恢复中原的志向还需要高宗的支持,为此他不惜以母亲和妻子的性命相抵押。岳飞是出了名的孝子,岳飞能以其母为质,这就充分表明了岳飞精忠报国的信念和决心。

　　出于对彼此的需要,高宗与岳飞才能够惺惺相惜,牵手共创大业。不过一旦双方志向不同,不消几年,高宗就亲自下令砍了岳飞的脑袋,这真是让人惋惜。

　　刘豫大齐政权建立以后,在宋金之间建立了一个缓冲地带,使得两军在一时之间保持了一个互不侵犯的局势。其实,金人黄天荡一战,确实是被吓破了胆,再也不敢轻易南下了。高宗南宋政权终得一时平静,但南宋内部问题丛生不断。当前亟待解决的重大问题就是地方游寇和农民起义,这两股力量严重威胁着赵宋政权的稳定。

　　绍兴元年(1131年),李成拥兵十万叛乱,成了南宋的心腹大患。高宗要平叛,却一时找不到合适的人选。大臣范宗尹提议派韩世忠去,韩世忠自从平定苗刘之变之后,屡立战功,高宗甚是倚重,韩世忠是个合适的人选。但是,高宗认为韩世忠是个有为将才,若是将他调离京师,南宋小朝廷就没有人压得住阵脚了,坚决不同意把韩世忠调走。

最后他任张俊为江淮路招讨使将岳飞的部队也归于他的名下，由他指挥。

李成所率部队本是一支游寇，在建炎三年（1129年）被刘光世打败后接受招抚，高宗任命他为舒州镇抚使。可惜李成接受招抚以后，本性未改，不断叛乱，他重操旧业，到处劫掠。李成的一个谋士劝他"顺流而过江陵，号召江浙，一贯天意"，李成犹犹豫豫，虽然没有及时采纳，但是显然已经动心。李成趁金人南下，占领了江淮数郡土地。李成之意，如司马昭之心路人皆知了。李成要自立朝廷，南宋自然不能容他。

岳飞的部队率先赶到，此时，江州城已经被李成部将马进攻破。岳飞部队退居洪州，张俊也率军赶到。马进与张俊所率士卒，相持半月之久，两军谁都不敢率先出兵。这是两军的耐性战，张俊表现得战战兢兢、惶惶恐恐，马进乐不胜收，认为张俊怯战。又这么耗了半月，马进实在是等不及了，就命人送来大字书信，等于下了战书。张俊一看，心里窃喜，马进如此心高气傲，骄兵必败，就恭恭敬敬地写了一封回信，信中用语也是小心翼翼，一副可怜的样子。马进看了回书，乐得屁颠屁颠，更加不把张俊放在眼里。岳飞这边却有所行动了，他率军给马进一个出其不意的打击，在张俊密切配合下，将马进打了个措手不及，狼狈逃走，却为追兵所杀。李成看马进兵败，就率领余部投奔刘豫，成了刘豫的爪牙。

张俊班师回朝，岳飞便留在洪州平叛李成余部。岳飞此次可谓收获颇丰，被任命为神武右副将军，高宗命令原洪州知府任士安的兵马都交给岳飞统率，因此岳飞实力增加了不少。除了这些实际的恩惠外，岳飞还得到了名誉上的奖励，高宗亲自书写"精忠岳飞"制成军旗赠给岳飞。岳飞意气风发，十分感谢高宗的知遇之恩，心中更是坚定了自己精忠报国的信念。

建炎四年（1130年）孔彦舟镇压湖湘地区农民起义军。领导人钟相和钟子昂被杀害、杨幺接管了他们的职位，在洞庭湖地区建立了大楚政权，自称"大圣天王"，又一次举起了起义的大旗。

杨幺公然建立政权，高宗不能容忍。高宗慌忙调兵镇压，屡次镇压，屡次失败。最后，高宗想到了岳飞，他忙将岳飞招来，命他去洞庭湖镇压。岳飞在接到这一重任以后，立即向高宗写了一份奏章，提出了一份周密的作战计划。

绍兴四年（1134年）岳飞到洞庭湖以后，采取分化瓦解的战略，先是招降杨幺亲信，然后来个里应外合，一举将其打败。在镇压过程中，岳飞多次告诫士兵，不可滥杀无辜。此次岳飞收编精兵五六万，岳家军的实力大增，名声大震。

这边战事刚刚结束，岳飞被任命为镇南军承宣使、江南西路舒蕲制置使兼黄复州汉阳军德安府制置使，高宗命其收复襄阳地区。

襄阳地理位置重要，是保护长江中游的一个屏障。没有襄阳，秦岭、淮河一线的防线就得不到巩固。襄阳在刘豫手中，始终让高宗坐立不安，所以襄阳地区的收复问题终将被提上日程。此时的岳飞，屡战屡胜，无往不克，高宗十分器重。南宋武将之中，没有人能跟岳飞一样得到这样的殊荣。收复襄阳事宜，高宗首先想到的就是这员爱将，此重任非岳飞不能胜任。

岳家军乘船北上，当船行至江心时，岳飞对同行人讲："飞不擒贼帅，复旧境，不渡此江！"可见岳飞对此次渡江北上，凯旋信心之大。岳飞确实有这个资本夸下如此大口，岳飞兵力虽然不多，但是平时训练极其严格，士卒个个都练就了一身的本事，再加上作战纪律森严，鲜少出现畏战逃跑的情况。另外，岳飞指挥注重战术，灵活多变，时常打得对方措手不及，一头雾水。

岳飞首战告捷，胜在郢州。金齐联军守军将领是荆超，荆超也是一员猛将。他听闻宋军将领是岳飞，平素也听闻过岳飞的英勇事迹，认为此战非同小可，不可大意，就亲自披挂上阵。只是岳家军的气势根本无法阻挡，片刻间，就把金齐联军打得落花流水、溃不成军。

岳飞率军一路往襄阳奔驰，守卫襄阳的是李成。李成曾经见识过岳飞的厉害，自是十分谨慎，精心布置了防御体系。岳飞上次让李成脱逃，这次下定决心要给予重创。岳飞与将领张宪和徐庆密切配合，一起发起进攻，势不可当，李成狼狈而逃，金齐联军顿时溃散开来。

襄阳六郡不出三个月，被岳家军收复。高宗听闻此捷报，不由得一惊，然后兴奋地手舞足蹈。他万万没有想到，岳家军竟有如此破竹之势，高宗对岳飞的信任又提升了一个档次。

高宗当即提升岳飞为清远节度使、湖北路荆湘潭州制置使，后来又晋封为武昌开国侯。当着群臣的面，高宗给予岳飞史无前例的评价"有臣如此，朕复何忧，进止之机，朕不中制"。后来又把岳飞拉到寝宫，无比信任地委以重任，"中兴之事，悉以委卿"。

可以说，这个时期高宗与岳飞君臣二人的关系已经到了亲密无间的地步。只是物极必反，随着二人的相互了解，达到顶峰的信任却逐渐滑向起点。

精忠岳飞

这年秋天，岳飞入朝觐见高宗，高宗亲自给岳飞题词"精忠岳飞"四字，制成旗帜赐给岳飞。朝廷任命他为镇南军承宣使、江南西路沿江制置使，不久又改任神武后军都统制，仍保留制置使职务，李山、吴全、吴锡、李横、牛皋等部都受他的管辖。

伪齐政权倚仗着金兵南侵，派遣李成攻破襄阳、唐、邓、随、郢等州及信阳军，洞庭湖的杨幺也企图顺流而下，李成则打算从江西陆路进攻，一直杀向两浙，与杨幺会合。高宗命令岳飞迎击。

绍兴四年（1134年），朝廷任命岳飞兼任荆南、鄂、岳州制置使。岳飞上书天子说："襄阳等六郡是恢复中原的关键，我们只有先攻下这六郡，解除心腹之患，才可恢复中原。李成远逃后，再在湖湘等地增派兵力，用来歼灭全部盗贼。"高宗将岳飞的建议告诉赵鼎，赵鼎说："岳飞是最了解长江上流利害得失的人，这一点尚无人能比。"于是授予岳飞为黄州、复州、汉阳军、德安府制置使。岳飞乘船渡江到了江心,转回头告诉部下说:"岳飞我要是不剿灭贼寇,此生不再渡长江。"进抵郢州城下,伪齐大将京超号称"万人敌",凭借城墙坚固抗拒岳飞。岳飞亲自擂鼓助战,军队士气振奋,收复郢州,荆超投崖自杀。之后,岳飞一面派张宪、徐庆去收复随州,一面亲自率部去收复襄阳。李成率领人马迎战,左翼靠近襄江,岳飞笑道:"步兵本适于在险阻之地作战,而骑兵则精于平原之战,可李成今天正好相反,左翼骑兵排列在江岸,右翼步兵排列于平地,就算拥有十万之众又怎么能成功呢?"他命令王贵率领长枪步兵进攻骑兵,又命令牛皋率领骑兵进攻李成步兵。两军交战之后,李成军的战马应枪倒毙,后面的骑兵被挤入江中,步兵死亡无数,李成连夜逃走,襄阳终于回到官兵手中。伪齐刘豫派兵增援李成,并让他驻守新野,岳飞和王万两面夹击,击败李成。

岳飞上奏说:"金人现在贪财好色,他们已经骄傲自满,意志薄弱;刘豫虽然忘了臣子本分建立了伪齐政权,但当地人民心系故国,时刻没有忘记宋朝。假如派出精兵二十万,长驱直入,直捣中原,那么驱除金人,收复故土,实在是易如反掌。襄阳、随州、郢州土地都十分肥沃,如果实行营田,好处很多。等到粮饷充足之时,我就率领军队过江剿灭敌军。"当时朝廷对深入北方的举动十分重视,再加上营田的确是一个好办法,因此支持这些观点的人多起来了。

岳飞进军邓州,李成和金将刘合孛堇排列营寨抵御岳飞。岳飞派遣王贵、张宪带兵出击,敌军溃退,只有刘合孛堇一人逃跑了。李成的党羽高仲退而保守邓州城,岳飞率军一鼓作气攻下邓州城,活捉高仲,收复邓州。高宗闻报,喜形于色地说:"我早就听说岳飞治理军队有方,纪律严明,没想到攻城破寨他也这样有办法啊。"岳飞又收复唐州、信阳军。

平定襄汉地区之后,岳飞辞去制置使职务,请求朝廷重新派人治理该地,但朝廷没有批准。赵鼎上奏说:"湖北鄂州、岳州是上流最重要的地区,皇上派岳飞屯驻鄂州、岳州,这样不仅江西可以倚仗他的声威,湖、广、江、浙也可以获得安定。"于是朝廷将随、郢、唐、邓四州和信阳军合并为襄阳府路，划归岳飞管辖，岳飞则移驻鄂州，被封为清远军节度使，湖北路、荆、襄、潭州制置使，封爵为武昌县开国子。

兀术、刘豫联合包围了庐州，高宗命令岳飞火速前往解庐州之围。岳飞率军赶往庐州，伪齐已派遣5000名铁甲骑兵，兵临城下。岳飞军队旗帜飘扬，金兵一见"岳"字旗和"精忠"旗，便胆战心惊，刚与宋军交战便大批溃逃。这样，庐州之围得解。岳飞上奏说："襄阳等六郡的民户缺乏耕牛和粮食，请求朝廷适当地把官钱借贷给他们，免除他们以前拖欠的公私债务，并更改考核州官政绩优劣的标准，以招集流亡百姓归业的多少作参考。"

绍兴五年（1135年），岳飞到朝廷觐见高宗，高宗封岳飞母亲为国夫人；授予岳飞镇宁、崇信军节度使，湖北路、荆襄潭州制置使，并进封爵位为武昌郡开国侯，又任命他做荆湖南北、襄阳路制置使，神武后军都统制，命令他招捕杨幺。岳飞的军队大都是西北来的将士，不擅长水战，岳飞说："打仗哪有什么定式、常规可循，只要灵活运用，善于因地制宜，哪有不胜利的道理。"他先派遣使者前去招谕杨幺。杨幺部下黄佐说："岳节度使号令如山，如果跟他对着干，只有死路一条，我想还是投降的好。节度使诚实而讲信义，必然会好好对待我们。"于是投降。岳飞上表朝廷授予黄佐武义大夫，自己单人独骑视察黄佐的部队，拍着黄佐的背亲切地说："你是知道逆顺好坏的人，如果能够立功，他日封侯拜相也不在话下。我打算派你返回洞庭湖中，看到杨幺军中可以制服的就擒获他，能够劝降的就劝降他，你愿意做这件事吗？"黄佐感激涕零，发誓效忠南宋。

当时张浚以都督军事身份来到潭州，参政席益告诉张浚，他怀疑岳飞玩忽职守，放纵贼寇，并想上奏朝廷。张浚说："岳飞是忠孝之人，用兵有深机，我们不知他的谋略，怎么能随便议论呢？"席益非常惭愧，不再提及此事。黄佐袭击周伦营寨，杀死周伦，又把统制陈贵等人生擒活捉了。岳飞向朝廷报告了黄佐的功绩，黄佐被升为武功大夫。

统制官任士安不服从王瓘的命令，军队因此而没能战胜杨幺。岳飞鞭打任士安，并命令他引诱起义军，说："三日内如果无法平定起义军，我要你项上人头示众。"士安到处散布消息："岳太尉二十万大军来到了。"起义军见到只有任士安一支军队，集中兵力向他进攻。岳飞早已设置了伏兵，战斗危急之时，伏兵四起，救下士安，击溃起义军。

恰好这时朝廷召张浚还朝做防备金军秋季南侵的工作。岳飞从袖中拿出一幅小图给张浚看。张浚准备等到来年再商议破杨幺事宜，岳飞说："我们已经有了破敌之策，都督只推迟几日回朝，八日之内即可破贼。"张浚问道："这也太容易了吧？"岳飞答道："王四厢用官军攻打水寇当然很困难，而我用水寇攻打水寇自然就很容易。水上作战是敌人的长处，而对我们来说是短处，以己之短攻敌之长，就算能够胜利，也会损失惨重。如果利用敌将使用敌兵，离间敌人，使其各个孤立，如同断其手足，然后用官军乘机进攻，八天之内，必然能俘虏敌人各位首领。"张浚听了这话，点头答应过几天再起程。

于是岳飞到鼎州去，属下黄佐招降了杨钦，并带了来见岳飞。岳飞高兴地说："杨钦勇敢善战，他既然投降，贼寇内部心腹已崩溃了。"然后上表朝廷，授予杨钦武义大夫，并对之给予厚待，之后仍把他派回湖中。两天后，杨钦说服余端、刘诜等前来投降，岳飞假装大怒骂杨钦说："贼寇还没有全部投降，你为什么又回来了？"于是杖打杨钦以示惩罚，再次命令他回到湖中去。这天夜里，岳飞指挥军队突袭敌营，杨幺军队数万人不得已，只得投降。杨幺依仗险固地势，不肯投降，在湖中驾船行驶。他的船以车轮击水，船速飞快，并在船旁设置撞杆，官船只要迎上去便被撞得粉碎。岳飞命令砍伐君山上的树木制成巨大的木筏，把湖汊港湾堵住，又用腐木乱草投入上流让它们顺着水势向下流去，选择水浅的地方，派遣善于叫骂的士兵挑逗起义军，引他们上当来追。起义军听见谩骂，大怒不已，果然中计来追，但腐木乱草积堵了水道，车船的水轮受阻不能前进，被困在那里。岳飞迅速派兵出击，起义军奔逃到港湾中，又被木筏阻拦。官军乘着木筏，张开牛皮革以遮挡弓矢石块，举起巨大的木头撞击敌船，敌船全都被破坏了。杨幺跳入湖水中，被牛皋捉住斩首。岳飞杀入敌营，余下的起义军首领以为岳飞为天人，行动如此神速，惊叹不已，全部投降了官军。岳飞亲自巡视各个营寨，嘘寒问暖，殷勤抚慰，起义军中老弱病残者留在田里耕作生产，年轻力壮的登记在册，编入官军。岳飞果然于八天之内平定了起义军，应了前面已许下的诺言。张浚叹服说："岳飞真是神机妙算啊！"当初，起义军凭借天险扬言说："要打我们，难于上天！除非是天兵天将在世。"到这时，人们才相信了岳飞的预言。这场战斗缴获敌船千余艘，鄂州水军也因此强大，成为沿江水军中最为强大的一支。朝廷诏令岳飞兼任蕲、黄制置使，岳飞以眼疾为由请求辞去所任职务，朝廷没有批准，加升他为检校少保，进封爵位为公。岳飞率军回到鄂州，朝廷又任命他为荆湖南北、襄阳路招讨使。

绍兴六年（1136年），太行山忠义社梁兴等100多人，久仰岳飞忠义之名，率领军队前来投奔。岳飞入朝觐见高宗赵构，上奏说："自从襄阳被收复以来，并没有设置监司机构，因而所属州县也无法按察管理，请任命一些官员。"高宗接受了他的意见，任命李若虚为京西南路提举兼任转运使、提点刑狱，又下令湖北、襄阳府路自知州、通判以下官员，交由岳飞一手管理，可视其贤能程度或罢免或提升。

两面奸臣秦桧

建炎四年（1130年）在涟水巡逻的守军看到一家老小形迹可疑，遂将他们拦住询问。此人名秦桧，他自称钦宗时候的御史中丞，靖康之乱时被金人俘获，随徽宗、钦宗一起被押往金营。他在金营备受凌辱，因不堪金人虐待，遂冒着生命危险，杀死了监视他们的金人，夺取了船只携带家人归来。

秦桧一把鼻涕一把泪，将他们的遭遇描绘得惨不忍睹，再加上旁边一家人相拥而泣的精彩配合，让守军将领十分同情他们的境况，几近相信秦桧所说。但是守军将领多年的职业素养让他又不得不提高警惕，情绪当即稳定。

宋金两国正闹得不可开交，他有如此大的本事能够躲过守军携带一家人顺利安全归来，这不得不让人怀疑。他们万一是金人派来的奸细，那就麻烦了。一系列的疑问让他产生了怀疑，这些怀疑也不无道理，进退维谷的守军最后将他们送往南京，等待高宗定夺。

秦桧，江宁人，曾入太学学习，拜奸相汪伯彦为师，后成为汪伯彦的得意门生，有其师必有其徒。秦桧年少时就工于心计，善玩阴术。在太学学习时，得"秦长脚"这样的绰号，因为他表面上与人和和气气，是个典型的笑面虎，背地里却总爱打小报告，挑拨离间。

徽宗政和五年（1115年），秦桧中进士，一个算命先生看了他的面相后，对人讲"此人他日必定误国害民，天下同受其祸，其权愈重，其祸愈大"。若干年后，秦桧专政相权，飞扬跋扈，残害忠良，力主议和，致使南宋统治恐怖至极，真是印证了此话。

金兵南下，无奈之下徽宗传位于钦宗。朝臣分化，主战派和主和派争持不下。秦桧权衡利弊，游离于主战派和主和派之外，这样对任何一方都不得罪，反倒是成了两派争相拉拢的香饽饽。秦桧在两派斗争中渔翁得利，最后任何一派得势或者失利，都于己无碍，秦桧这一招确实是高明。但是任何权术都有破绽，终有马失前蹄之时。

金人攻下开封，掳走了徽宗、钦宗，为防止赵氏东山再起，金人欲立张邦昌为帝。正统观念根深蒂固的众朝臣义愤填膺，纷纷反对，身为御史台长官的秦桧被推到了浪尖上。此时的秦桧，退也不是，进也不是，左右为难。箭在弦上不得不发，不得以秦桧向金人上书反对立张邦昌为帝。此次秦桧上书，仍发挥了其左右逢源的心计，秦桧知道这个节骨眼儿上上书必然惹怒金人，唯有从金人利益角度出发，将其害降低到最低限度。秦桧的上书俨然一副金人军师的嘴脸，分析了立张邦昌为帝的不可行之处，博得了金人的好感。

金廷虽未采用秦桧的意见，但是完颜宗翰对其非常赏识，认定秦桧为可用之才，遂携其一并北上。秦桧审时度势，认为好汉不吃眼前亏，就跟随完颜宗翰入了金营，随即向金人伸出了橄榄枝表现出了极大的忠诚，对金人之命更是言听计从。

秦桧溜须拍马屁的功夫炉火纯青，一番马屁拍下来，令金太宗云里雾里，倍感舒适。太宗一高兴，就将其赐予其弟完颜昌。秦桧自是感恩戴德，更是尽力出谋划策，以报知遇之恩，此后，秦桧完全变成了金人的走狗。

由此种种，完全能够看出秦桧是个墙头草类人物，其价值观念里根本没有民族意识，所思所想全然以个人利益为出发点。如果说秦桧前期是以自保为宗旨，那么当权倾天下的他能够操纵南宋政权之时，将一朝君臣百姓玩弄于股掌之间祸国殃民的行径，却是十足一个败类所为，是世人所不能容忍的，更使其遗臭万年。

金人几度南下欲抓高宗不能，又被宋军重创，狼狈北逃。宋朝军民突然爆发出来的实力，让金廷意识到灭南宋之事不是轻而易举就可以办到的。他们必须改变策略，于是"以和议佐攻战，以鉴逆诱叛党"的口号闪亮出炉。

里应外合那是最好的策略，若在宋廷之内安插一内奸，那是最好不过的了。可要找这么一个合适人选是不容易的。正当金国朝臣一筹莫展之时，秦桧挺身而出，他信誓旦旦一副胸有成竹的气势，那架势似此重担非他不能担当。秦桧经受住了金人的考验，金太宗认为其忠心可鉴，谋略有余，值得信赖，遂将其遣送入宋。

秦桧入朝，很快得到高宗信任和重用。其实朝中对他身份持怀疑态度的不在少数，害怕他是金人派来的奸细，却也提不出有力的证据，但宁可信其有不可信其无。高宗却不管这一套，因为秦桧此次归来，为高宗带来了福音。

秦桧自诩入金多时，听闻金人有议和之象，并一手承担下议和事宜。对于议和，高宗一直心向往之，只是事与愿违，他几次伸出橄榄枝都被金人无情地以炮火回应。高宗一度垂头丧气，秦桧的归来为他点燃了希望之火。此时的秦桧宛若一根救命稻草，任谁反对，高宗也会紧抓不放。高宗声称:"桧朴忠过人,是一个难得的佳士,朕喜得之而不寐。"高宗真是"慧眼识人",当秦桧收揽大权,凌驾于皇权之上之时,高宗这个无权皇帝真是欲哭无泪,因为这一切都是他亲手造成的。

秦桧先是被任命为礼部尚书,却辞而不受。此乃秦桧的一点小伎俩,秦桧要放长线钓大鱼,意在谋取更高的职务。高宗一听这话,顿时来了气,秦桧是何许人,竟如此不知好歹,但是求人办事,正所谓人在屋檐下,不得不低头。高宗压下一肚子的怨气,好言相劝,又以高官相贿赂,秦桧心里乐开了花,表面却不动声色,几番推辞后应允。不久,秦桧就被升为参知政事,此乃南宋副宰相,其升职之快,真是前所未有。

这日,已经位高权重的秦桧心中算计起来,位高才能权重,金人赋予他的使命时刻敲击着自己,独揽朝政大权那样才好办事。在短期内再往上爬实在是不容易,更难办的是,如今高职无缺,没有人下来,就没有机会补上去。

秦桧眼睛一转,顿生一计,他想到了范宗尹。此时正在家中品茶的范宗尹不知是否感到后背一阵阴风。就这样一双罪恶的双手已经伸向范宗尹,秦桧对范宗尹之职觊觎已久。

范宗尹本是秦桧的同窗好友,在秦桧归来众臣对其怀疑之时,范宗尹极力为其辩护,秦桧入朝伊始,范宗尹也十分照顾。可是防人之心不可无,范宗尹如此待秦桧,秦桧却不念旧情,向高宗参奏其私下斥责当今圣上滥赏无度,更是居心叵测。高宗时值宠幸秦桧,听信其言,将范宗尹罢免。秦桧顺理成章坐上了宰相之职,这样,大权在握的秦桧肆意妄为,无往不利,高宗也与议和之路渐行渐近。

第四章

议和以保安逸

君臣二人收兵权

高宗没有坚定抗金的决心,在外冒着性命危险打仗的将领士卒拼死拼活所得的胜利成果,只是高宗用来与金议和的筹码。此刻高宗、秦桧君臣二人见筹码已经赚足,就又动起了小心眼儿。

岳飞、韩世忠都是难得的将才,高宗不得不承认。每当金兵一来,高宗首先想到的就是此二人。这二人也不负众望,率领他们的岳家军、韩家军屡战屡胜,打得金军闻风丧胆,听其名而士气减三分。岳飞、韩世忠二人以战功威望日盛,然而显赫的战功给韩世忠和岳飞带来了麻烦,甚至是杀身之祸。

前方捷报一个一个地传来,岳家军、韩家军正以每战必胜的气势不断北上,高宗的眉头却越皱越紧,萦绕在高宗心头的不是胜不胜的问题,而是此二人声望日高。他日若是飞扬跋扈,那就逃出了高宗的掌控,这二人手握能打的岳家军、韩家军,若是他日自立为王,朝中没有将领能敌。这两人的存在始终是个问题,此问题不解决,高宗寝食难安。高宗有这样的想法也不无道理,前车之鉴就明摆着,昔日太祖赵匡胤本是后周手握重兵的武将,后来在陈桥驿举兵而黄袍加身,若是此二人如法炮制,那高宗的皇位就难以保障了。高宗绝不允许武将夺权这样的事情发生,唯今之计,就是防患于未然。

秦桧犹如高宗肚子里的蛔虫,立刻判断出高宗心中所想。他给高宗献计，收了二人的兵权，以解后患之忧，此计正合高宗心意，于是一场收兵权的阴谋由高宗、秦桧暗地里展开。

外患未除，高宗、秦桧二人却要收兵权。这兵权一收，就会引发一系列的连锁反应，主将一走，必定引起士卒恐慌，军队战斗力势必下降。不过，高宗、秦桧这二人对这些根本毫不在意，他们在乎的只有议和。

其实，高宗、秦桧要收岳飞、韩世忠兵权还处于另一层面的考虑。高宗一味地向金人卑躬屈膝，一直以来都不得民心，朝廷上下和百姓的反对之声不绝于耳。但是，对于高宗来说，文臣、百姓的呼声虽大，仅是雷声大雨点小不足为惧，令高宗不安的是武将，武将手握重兵，物极必反，万一他们哪一天忍受不了了，一不顺心，来个"陈桥驿兵变"或"苗刘之变"，高宗是承受不起的。

武将之中，数岳飞、韩世忠的兵力最强。岳飞几次北伐将金人打得狼狈北逃，其实力可见一斑，再加上岳飞一心抗金收复失地，从来都是反对议和的，更甚者，岳飞曾几次违抗君命出兵，如此不受约束，日后难保不成大祸。相比之下，韩世忠也不是一盏省油的灯，他不仅激烈反对议和，还曾经企图伏击来议和的金国使者，如此大逆不道之事，险些酿成大祸，惹怒金人，破坏议和美事。

高宗想及此，心惊胆战，收兵权之事越快越好。高宗有些迫不及待了，但是事出无因总不好，总得找个恰当的契机。

恰在此时，金军进犯柘皋，高宗暂且将收兵权之事放置一边，当务之急是先将进犯的金军击退，若金军占得太多的优势，高宗就失去了和谈的资本，那议和之事也渺茫了。金军一来，高宗不得不想到岳飞，一连给养病中的岳飞送去17道命令。事态紧急，岳飞哪里还顾得患病在身，立即抱病出兵，宋军将领还有张俊、刘锜、王德、杨沂中。这几人却在这危难时刻只懂得计较个人得失，都想独揽战功，造成各自为战，柘皋之战勉强得胜。

柘皋之战的胜利的捷报传来，高宗灵机一动，认为这是一个收兵权的大好时机。大敌当前,高宗不是一心想着怎样保家卫国、收复失地,仍沉浸在个人利益得失之中。长此以往,南宋的中兴大业能何时了。

其实,仔细回顾高宗的种种表现,中兴只是外人强加给高宗的一个负担,也许高宗从来没有想过中兴之事。高宗没有野心,他只想议和,只想在江南暖风中安安静静地享受一隅之安。中兴只是岳飞、韩世忠之辈的志向,高宗背负不起,唯有令众人失望。

高宗把握住了这次机会,他以为柘皋之战中的功臣行赏赐的名义,下诏武将到杭州受封,岳飞、韩世忠、张俊都在其中。

韩世忠、张俊二人不久就到了杭州,岳飞却迟迟未到。此时他正远在鄂州,到杭州恐怕还要几日。岳飞是这次会议必不可少的人物,岳飞不到,高宗、秦桧的计划便不能如期举行。秦桧暗道失策,此计划的失策之处在于没有考虑到路上行程问题,应该让他们同一日入朝才好,因为等待岳飞到来的这几日实在是不怎么好过。

一方面高宗和秦桧要担心岳飞识穿了他们君臣二人的阴谋,岳飞不来或者察觉后发生兵变这都不是他们想要看到的结果,可是除了战战兢兢等待之外又别无他法。另一方面他们还要非常镇定地安抚到来的将领,其实这镇定都是假装出来的,面临这些将领一次又一次的质问,他们一次一次地说谎又圆谎,这么惴惴不安地过了五六日,岳飞风尘仆仆地赶来。

高宗没有给岳飞喘息的时间,立马召见了岳飞、韩世忠、张俊三人。第二日,韩世忠、张俊被升职为枢密使,岳飞被升为枢密副使,这三人看似被升职,实则被剥夺了领兵实权,岳飞、韩世忠如此百年不遇的将才就这样被高宗搁置起来,真是可悲可叹。

高宗此举一是将兵权收归自己,二则是向金人显示其诚意,最令金人头痛的岳飞、韩世忠手中已经没有兵权,议和之路也就更好走了。

岳飞被收了兵权,但他在军中拥有无上的威望,况且士卒见主帅未归,便人心浮动,还发生了小规模的暴动。这对高宗的打击很大,便一直寻找机会,树立一下权威。

被剥夺了兵权的岳飞和韩世忠，不哭也不闹，完全一副悠然自得的样子，对于国事，他们根本不愿意触及。其实，这恰恰是反映了他们对于高宗、秦桧君臣二人的彻底失望。

高宗、秦桧以抗金所得战果为条件向金靠拢企图再谈议和之事，但是岳家军和韩家军的存在始终是一个障碍，所以要使议和之路更顺畅，必须将其彻底摧毁。

高宗、秦桧所凭战果大多是岳家军、韩家军所建，现在竟然为了投降大业要将此战斗力极强的二军摧毁。岳家军、韩家军不是为金人所破，却要亡在他们拼死拼活效忠的主子手中，这不得不让人痛惜。

韩世忠是军界元老，战功显赫，声望极高，在苗刘兵变之中曾护驾有功，为高宗所赏识，在黄天荡大破金军，给金军以致命打击。此刻在杭州的韩世忠全然不知一个为他设计的阴谋正在悄然进行中。一心想要树立威信，摧毁岳家军、韩家军的高宗、秦桧君臣二人一直没有找到机会给岳飞、韩世忠一个下马威，既然没有机会，那就只能制造机会，高宗、秦桧二人打算采取各个击破的方针，先是瞄上了韩世忠，这个高宗的救命恩人。

高宗将岳飞和张俊调到韩世忠部去视察，已经被高宗收买的张俊在秦桧的示意下欲瓜分韩家军，岳飞断然反对并派人快马加鞭将此事告诉韩世忠。秦桧、张俊看瓜分韩家军的阴谋败露，便又收买了在韩家军中打工的胡纺，让其诬告韩世忠手下将领耿著意图谋反。他们这样做的目的无非是想将此事扩大，然后牵连到韩世忠，栽赃陷害忠臣。

秦桧、张俊的阴谋终究没有成功，韩世忠因为岳飞的帮助逃过一劫，正因如此，秦桧、张俊对岳飞的仇恨更上一层，一场生死大劫正等待着岳飞。

一代名将含冤而死

岳飞的快马书信，使秦桧、张俊瓜分韩家军、栽赃陷害韩世忠的阴谋未得逞。气急败坏的秦桧、张俊二人对岳飞恨得咬牙切齿，收拾韩世忠不成，就转嫁到岳飞和岳家军的身上来。上一次失败的教训不得不吸取，细致周密的策划是必不可少的，一场针对岳飞的栽赃陷害的阴谋私下酝酿开来，这场阴谋的背后支持者是高宗，秦桧充当了刽子手的角色，张俊等人则是帮凶。

到杭州视察回来的岳飞，对高宗之辈的行径越来越不耻，只是人在屋檐下，不得不低头。此番岳飞回来，遭遇了重重麻烦，他正不知不觉地一步步走向高宗、秦桧君臣二人设置的陷阱内。

其实，高宗下定决心要置岳飞于死地，还有一个更重要的原因，那就是完颜宗弼的授意。高宗命秦桧向金国乞和，完颜宗弼爱理不理，认为宋人根本没有诚意。秦桧这下急了，皇天在上，南宋最高领导人一心议和，又是命将领班师回朝又是收兵的，这要再说宋没有诚意，那真是比窦娥还冤枉。完颜宗弼又讲怎样被岳飞打得叫天天不灵、叫地地不应，这宋人的诚意让人大失所望。秦桧心领神会，原来事情的症结在于此，这全都是岳飞这个战争狂惹的祸，看来岳飞非除去不可。

秦桧将事情的原委添油加醋地向高宗一一汇报，高宗把事情看得太简单，认为岳飞一除，议和大业就无阻碍了。一心议和的高宗当然不会因为岳飞而任其议和大业半途而废，想方设法要除去岳飞成了当务之急。

完颜宗弼这招借刀杀人的计谋完全是抓住了高宗的胃口，以议和诱其杀岳飞，以高宗求议和之迫切，不管完颜宗弼提出怎么样尖酸刻薄的条件，高宗绝对会毫不犹豫地答应。从前面天眷议和中可以略窥一二，即使是称臣，即使是屈己，高宗也在所不惜。区区一个岳飞算得了什么，高宗绝对不会眨眼。完颜宗弼这一招可抵千军，不知后来完颜宗弼是在扬扬自得还是后悔没有早点走这步棋，这样不知道可以省下多少力气，可以挽救多少金人的性命？

一路劳顿刚回杭州的岳飞，来不及休息，就被高宗紧急召见，原来岳飞遭到右谏议大夫的弹劾：

今春敌寇大入，疆场骚然，陛下趣飞出师，以为犄角，玺书络绎，使者相继于道，而乃稽违诏旨，不以时发，久之一至舒、蕲，匆卒复还。

比与同列按兵淮上公对将佐谓山阴不可守，沮丧士气，动摇民心，远近闻之，无不失望。

万俟卨所说两件事，一是岳飞在受命支援淮西时，延误时间，没有按时到达；二是撤除淮东防务，动摇了民心。

其实，这个万俟卨是秦桧的死党，此次弹劾岳飞完全是秉承高宗的旨意，但岳飞忠心为国，能有什么罪证，秦桧动员其爪牙也找不出个令人信服的证据。既然找不出确凿的证据，那就只能吹毛求疵，鸡蛋里面挑骨头，再者就是栽赃陷害了，这是秦桧惯用的伎俩。

万俟卨所奏二事，其一可谓吹毛求疵，岳飞赴淮西，动作是慢了些，原因有二，一是岳飞正值患病；二是张俊以军中缺粮草为理由，阻止岳飞进军，以独享战功。所奏二事其二可谓栽赃陷害，当时主张放弃楚州，撤销淮东防务的明明是张俊，这事完全是扣错了帽子。

继万俟卨之后，在秦桧的指使下御史中丞何铸也相继上书弹劾岳飞，其内容无非还是以上两条罪状，只不过是新瓶装旧酒罢了。

岳飞万万没有想到自己忠心报国却成为众矢之的，对朝廷绝望的他再也没有待下去的勇气了，便向高宗请辞，归隐庐山中。纵使已经罢免了岳飞的职务，高宗、秦桧二人仍然不死心，一不做，二不休，结果了岳飞的性命他们才肯罢休。

从岳飞之处下手似乎困难重重，不是轻而易举能够办到的，对此秦桧很是花了一番心思，然后把突破点转到岳飞其子岳云和爱将张宪这边来。

秦桧以威胁、利诱为手段收买了岳家军都统制王贵和副都统王俊。王贵此人与张宪感情一向不融洽，更因犯事遭岳飞处罚。王俊则是因受到岳飞训斥，而对其怀恨在心，又一心想攀结权贵，便抓住了秦桧这棵大树。

秦桧指使二人诬告岳云、张宪密谋发动兵变，并煞有其事地捏造出一些书信为证据。岳云、张宪被抓了起来，投入狱中，无论怎样严刑拷打，此二人俱不承认谋反之事。岳飞是光明磊落之人，其子、其爱将也绝对不输于他，其精神同样令人钦佩。没能将岳云、张宪屈打成招，秦桧便又想到了另一招，诏岳飞前来对证，以便将其一网打尽，秦桧这一步走得不可谓不狠毒。此时在庐山赋闲的岳飞对于岳云、张宪下狱之事完全不知。秦桧派杨沂中到庐山请岳飞来对证，岳飞对于当前面临的形势完全不知，认为清者自清，上天自有公道。岳飞欣然前往，到杭州当日，便被捕下狱了。

高宗将此案交予大理寺审理，主审官是御史中丞何铸。何铸此人曾经受秦桧之命弹劾岳飞，但在审理岳飞一案中，被岳飞父子反驳得无话可说。他反复询问仍找不到任何岳飞谋反的蛛丝马迹，又被父子二人的忠心所打动，便向秦桧汇报，说岳飞父子是被冤枉的，并极力为其辩护。秦桧一番辛苦却落得这样的结局，哪里肯善罢甘休。他明确告诉何铸，将岳飞置于死地，是高宗的旨意，如此赤裸裸的意图，何铸应该心知肚明了，但是这何铸就是如此不识时务，对秦桧一甩袖子，不干了。

何铸这个御史中丞的位子自是做不得了，再次的审讯，主审官成了万俟卨，万俟卨既是秦桧的爪牙，所做当然一切遵从秦桧旨意。没有证据，那就制造证据，一切仿佛按部就班，顺理成章。岳飞此时终于明白了，高宗——那个自己无比效忠、用性命去保护的人——要自己死。既然如此，再多的辩解已经没有任何的意义了。便写下"天日昭昭，天日昭昭"八个大字，含恨而去，而岳云、张宪也相继被斩首。

此时的韩世忠已经辞官在家，不理朝政。他听闻岳飞冤死，气冲冲地跑去秦桧那里要岳飞谋反的证据，秦桧当然拿不出任何的证据，还大言不惭地说："其事体莫须有"，一代名将岳飞竟以"莫须有"的罪名冤死，正如韩世忠所说"莫须有"何以服天下。

逝者已矣，留给后人的却是无尽的痛惜。岳飞以抗金起家，一生戎马，终生不忘抗金大业，更以收复失地为己任。最后，他所效忠的高宗却为清除议和障碍为由将其杀害，这更是让后人感慨不已。

丧权的"绍兴和议"

为除去议和路上的障碍,高宗先是收兵权,想以韩世忠为第一块试金石,幸得岳飞发现。岳飞不顾自身安危,命人快马加鞭赴杭州,密告韩世忠,韩世忠侥幸躲过一劫。韩世忠并没有从此事中吸取教训,仍上书反对议和,并将矛头直指秦桧,斥责其"误国"。秦桧此时正是高宗身边的大红人,高宗当然是置若罔闻,但这笔账秦桧记下了,寻机让其爪牙弹劾韩世忠。韩世忠面对来自各方面的压力所迫,又见自己的志向终究成一场空,万念俱灰,对朝廷彻底失望的韩世忠向高宗请辞。高宗、秦桧巴不得及早摆脱这个议和路上的拦路虎,高宗欣然应允。

韩世忠这个麻烦解决了,还有更令人头疼的岳飞。秦桧处处找刺,一直寻找机会除掉岳飞。因为在完颜宗弼给秦桧的密函中提到,必杀岳飞,议和方成,既然是金廷的授意,高宗、秦桧必然尽其所能,保质保量完成任务。找不到把柄,那就制造把柄,以君臣二人的权威和能力,岳飞终究是无力招架的,岳飞父子被打入大牢,高宗心事又了了一桩。

朝中还有一位能打的抗金名将,此人是刘锜。在顺昌大战中,刘锜屡立战功,把金人打得狼狈至极。为了向金表明议和的诚意,高宗、秦桧又剥夺了刘锜的兵权,将其调任荆南任知府。至此,朝中凡是有能力抗金的将领都受到了打压。

兵权回收,韩世忠辞官,岳飞入狱,议和路上的障碍基本清除干净,向金乞和的活动紧锣密鼓地展开来。

纵观高宗登基以来,最上心的一件事情就是议和。他十几年如一日地坚持着议和的志向,如此坚定,如此执着。如果高宗能将此志向改为抗金,并为之奋斗十几年,那结果不管怎样,最起码不会如此般卑躬屈膝。

高宗十几年不改志向,其推动他如此的内在动力是什么,这不得不让人疑惑。在建国伊始，实力弱小，不足以与金相抗衡，以乞和为缓兵之计这还有情可原，但是现在名将横空出世、层出不穷，又兵强马壮，北上抗金收复失地大有希望，可是高宗仍要不遗余力地乞和，这却让人难以猜测。

唯一能够站得住脚的解释就是，高宗总是在力求自保，从来没有把中兴大业放在心上。从其自保的角度看，抗金无论是什么样的结果都是高宗不愿意看到的。胜利了他害怕。胜利固然很好，他终于能抬起头来堂堂正正地做人，面子上也有光，但是胜利所带来的负面影响会摧毁高宗的荣华富贵，甚至是要了高宗的命。钦宗——他的长兄作为名正言顺的皇位继承人是高宗一生的噩梦。没有胜利，就没有这场噩梦，高宗毫不犹豫地选择放弃这场胜利。失败了高宗同样害怕，高宗对于被金人追得上天入地逃命的那段经历终生难忘，抗金是高宗从未想过的事情，直到现在高宗依旧没有十足的把握，一旦失败，父兄的经历就是前车之鉴。

高宗的亲身经历让他明白了一件事，武将不可信，亦不可以全力依赖。靖康之乱时，众武将眼睁睁地看着皇室被俘虏一空而无动于衷。高宗在逃命之时，更鲜有武将护驾，他在苗刘之变中又险些丧命，这些血淋淋的教训，高宗记忆犹新。另外，抗金必然使部分武将实力膨胀，他们凭着战功，声望日高，以至功高盖主，难保有朝一日他们不造反。只有持之以恒地走议和之路，才是高宗眼中是最无奈的却是最好的选择。

秦桧一直追赶着完颜宗弼商量议和之事，完颜宗弼左闪右闪，总是闪烁其词。这让秦桧摸不到头脑，搞不清楚他的真实意图。其实，完颜宗弼心中已经打好议和的主意，他这么做的目的在于吊住高宗的胃口，以表现出万般不情愿来换取更丰厚的交换条件。

完颜宗弼几次南下，都是碰了一鼻子灰，在遭遇极大的创伤后狼狈撤兵，当年那种意气风发的气势已经一去不复返。往事如烟般飘散，他再也追不回当年的气势了。顺昌大战中被刘锜这个年轻小将打得屁滚尿流，后来，他又被岳飞、韩世忠率领的岳家军、韩家军穷追不舍，所占领地又渐渐失去。好汉已提不起当年勇，完颜宗弼彻底觉醒，宋军已经不是当年那群任人欺凌的小喽啰了，若是再打下去，宋军有可能打到自家门口，那时的结局肯定会惨不忍睹。

完颜宗弼虽是武将，但他极具政治战略眼光。他知道再这么打下去不是上策，便改变了策略，以议和诱降，获取更大的好处。他先是放回被掳走的南宋官员，这用意十分明了，这是要与宋议和的征兆。

高宗听闻完颜宗弼有议和之意，自是喜不胜收，赶紧张罗议和事宜，派人携带重金到完颜宗弼处商洽议和之事，此次去议和的官员是刘光远、曹勋二人。为表议和诚意，高宗命令在长江以北的军队都撤到长江以南，撤销中原地区防务，还命令张浚到长江沿岸视察，以确保各路将领按旨意办事，以保证议和大业顺利进行。高宗的积极迎合甚得完颜宗弼之心，完颜宗弼在放出议和的消息的同时却在积极整顿军务，准备再次大规模进攻南宋，完颜宗弼从来没有放弃过以武力解决问题，这才是他喜欢的方式。宋军既然已经退回长江以南，完颜宗弼率军攻占长江以北地区，如入无人之境，丝毫未遇到抵抗。

高宗派去的使臣垂头丧气归来，原来完颜宗弼认为刘光远、曹勋二人官职太低，不足以跟他谈判，让他有失身份，"当遣尊官右职，名望夙著者持节而来"。只要肯议和，在高宗看来，一切问题都不是问题。高宗又派魏良臣和王公亮这两位官位较高的使臣前去，此二人带去的高宗旨意是只要金肯议和，其条件全凭完颜宗弼提，悉听尊便，高宗投降卖国的嘴脸一览无余。

魏良臣和王公亮二人又是狼狈而归，此次事情的症结在于岳飞。高宗、秦桧已通过栽赃陷害将岳飞关入大牢，但完颜宗弼之意是"必杀岳飞，而后和可成"，原来岳飞不死，完颜宗弼就惴惴不安。高宗、秦桧一不做，二不休，遂赐岳飞毒药，将其毒死。张宪、岳云也被斩首。

议和的一切障碍都已除，而高宗对于完颜宗弼的条件又全盘接受，这议和之事就轻而易举了。绍兴十一年（1141年）南宋与金终于签订了合约，史称"绍兴和议"。对于南宋来讲，这完全是一份投降的合约，高宗却乐得合不拢嘴。对此，他大摆庆功对此次议和的功臣秦桧大大赞赏，加封他为太师、魏国公。

"绍兴和议"的内容可以归纳为以下五点。

一是宋高宗向金称臣，并且是世代为臣。

二是宋金两国以淮水为东边界，西以大散关为界。

三是宋每年给金白银25万两、绢25万匹。

四是宋割地唐、邓而州及商、秦的一半给金。

五是金归还死去的徽宗以及高宗生母韦氏。

绍兴和议之后，宋金南北对峙的局面最终确立下来，高宗以称臣、割地、纳贡等巨大的代价换回了偏安一隅的梦想和死去的徽宗及生母韦氏。

第五章

权臣当道，力挽狂澜不及

多情老父无情子

光阴似箭，日月如梭，眨眼之间，十几年过去了。淳熙十四年（1187年），高宗赵构寿终正寝，驾鹤归西。孝宗以守孝服丧为由，申请退位。其实高宗退位后悠然自得的生活对孝宗吸引力很大，孝宗一直心向往之。孝宗思量着摆脱繁忙的政务，终于可以安安稳稳过舒服的日子了，只是不知道他是否能够如愿以偿。淳熙十六年（1189年）孝宗正式退位，太子赵惇（孝宗第三个儿子）登上皇位，是为光宗，孝宗移居重华宫，做起了太上皇。

孝宗念高宗的禅位之恩，虽不是亲生，却对高宗从来都是恭恭敬敬，不敢有半分忤逆之心，所以高宗做太上皇做得清闲自在。到了孝宗当上太上皇，情况却不一样。光宗赵惇由太子升为一国之君，地位来了个大转身，完全不把太上皇放在眼里。刚开始孝宗一月之内尚得见光宗几面，可是后来光宗一年半载都不去孝宗那里问安。孝宗问起，光宗便以政务繁忙等各种理由敷衍了事。纵使上了年纪的孝宗再迟钝，也看得出他一直宠爱的这个儿子在刻意回避自己。回想当年自己为人子的情况，孝宗忍不住地惆怅，同为人子，却有这么大的差距，这里面的原因，孝宗左思右想也想不出个所以然。

光宗其实心无大志，在做太子的那段日子里，每当孝宗兴致盎然地大谈特谈恢复大业的时候，赵惇心理就十分反感。但是又必须装出一副认真听讲的模样，并时不时地发表一下自己的见解。如今，守得云开见月明，光宗终于如愿以偿登上皇位，这份苦自然不想再受。

另外，光宗被立为太子后，苦等十几年才得孝宗退位，心里不免有怨恨其父眷恋皇位，迟迟不让贤之意。也许光宗对孝宗的不满在其为太子的时候就存在，只是为保住其太子之位，更慑于孝宗的权威，没有发作而已。

孝宗与光宗的关系紧张，又加光宗的皇后李凤娘在旁煽风点火。李氏出身将门，成长于军营之中，性格泼辣刁蛮，凭其美貌将光宗收拾得服服帖帖，光宗对她唯命是从。堂堂一国之君竟被皇后管制，难免有点窝囊。

所以孝宗对光宗这个正妻没什么好感。李氏贵为一国之母，却是个长舌妇，总爱搬弄是非，而且发起狠来六亲不认，把后宫折腾得乌烟瘴气，还时常干涉朝政。女子本来是不得干政的，但是光宗对皇后百依百顺，只要李氏一有要求，李家的人就会得个一官半职。

某日，重华宫传出了太上皇孝宗要立次子赵恺之子赵抦为太子的流言。此言一出，光宗和李氏都惊呆了，这完全在意料之外。光宗膝下有子赵扩，而且是李凤娘所生，明明是嫡出，根本轮不到赵抦。难道是当初孝宗没有立赵恺为太子而后悔,现在要立其子赵抦为太子以作补偿?光宗心理忐忑不安,父皇不喜欢自己的皇后李氏,难道要迁怒到儿子赵扩身上?

光宗和李氏越想越不安,双双赶到重华宫去理论,征询孝宗,何时立太子。但是,孝宗却说立太子之事操之过急,还是过些日子再商议此事。孝宗此话一出,光宗夫妇很是沮丧,如此看来流言是真的。从此,光宗夫妇两人对孝宗的怨恨更深了,光宗更是自此连重华宫的门都不进。

孝宗与光宗父子两人闹得不可开交惊动了朝廷大臣,在这个以孝治天下的时代,光宗如此对待父亲严重违背了儒家伦理道德。光宗身为一国之君,应当以身作则,却如此不守孝道。群臣的指责不绝于耳,光宗也知自己做得太过绝情,毕竟是亲生父亲,生养之恩大于天,况且现在权倾天下也继承于他。光宗思前思后,毕竟是从小受到儒家思想的熏陶,良心这一关总是过不了的,便想要去看望孝宗。

但是,李氏不愿意,再次使出哭闹的绝招撒泼一通,光宗无奈,只得将老父丢在一旁。此后,每每光宗起孝敬之心,李氏便会使用这么一招,而且屡试不爽。自始至终,光宗没有再去看孝宗一眼。

虽然生活在皇城之中,仅仅几步之遥,孝宗却常年见不到光宗。孤单的老父思念儿子却见不到,又想到儿子的绝情而气急攻心,一病不起。为解孝宗的思念,众臣再上书,请求光宗去看望太上皇。此时被仇恨蒙蔽了双眼的光宗根本就不相信孝宗生病的事实,反倒是认为这是孝宗要陷害自己而设下的圈套,根本不去。

光宗神经过敏以致胡乱猜疑,不顾孝义,有如此儿子怎能让人不寒心,此时的孝宗应该后悔莫及,为当时的一念之差付出了如此大的代价。

无论朝臣怎么劝谏,光宗是铁了心不再理会孝宗。最后,没有办法的群臣向光宗提交了请辞函,前后足有100多人。群臣认为,为这样一个连为子之道都不能遵守的君主效命是前途渺茫的;另外,他们也希望以罢朝辞官来威胁光宗，让其妥协，尽其孝道。

对于光宗来说，群臣一旦请辞，那自己就成了无臣之君，宋氏江山何以为继。光宗可以不理会朝臣劝其探望孝宗的请求，却不能无视群臣的请辞。于是，光宗一一下诏挽留，但群臣所求并不在此，依然不肯罢休。然而光宗抱定主意认为孝宗要谋害自己，就是不肯去探望父亲。两边各不相让，群臣看光宗心意如此坚定，便不抱希望，集体辞官了。

孝宗终究没有等到光宗去探望就闭上了双眼。无论光宗在治理国家上怎样的作为，但看他对待孝宗的种种，就已很不得民心了。

赵汝愚力挽狂澜

两宋历史上，皇帝大多无能，而奸臣当道，祸国殃民。尽管如此，宋朝还是持续了300多年，很大的功劳应归于历朝历代少数忠直贤良的贤臣，而赵汝愚就是其中之一。

一位大臣拖住皇帝说："天子当以安社稷、定国家为孝，今中外忧患，万一生变，将置太上皇于何地？"这位皇帝是南宋第三位皇帝光宗，而大臣就是赵汝愚。说起赵汝愚的一生，颇有些跌宕起伏的意味。赵汝愚是宗室成员，按照祖宗立下的祖法，宗室之人是不可以做宰相的，但是赵汝愚成功开创了此先河，高居宰相之职，但正所谓高处不胜寒，出尽风头的他遭人妒恨，在成为宰相短短半年之后即受人陷害，被贬死他乡，一朝繁华落尽，一代贤臣陨落。赵汝愚从小就刻苦学习。十年寒窗苦读，使他终于年纪轻轻就考取了宗室进士第一，一鸣惊人。他任职以后，在孝宗、光宗时期都有相当出色的政绩。兢兢业业的他赢得了统治者的信任和赏识，也赢得了众多有识之士尤其是道学家的支持和拥护，仕途之路一帆风顺。然而使他最终登上宰相之位的还是绍熙五年的"绍熙内禅"事件。

光宗由于身患精神疾病，无法处理朝政并长期不去看望已退居太上皇的父亲宋孝宗。绍熙五年（1194年），孝宗去世，在李后的挑唆下，宋光宗拒不出面主持丧礼，也不为父亲守孝，以致"中外讹言，靡所不至"，南宋政局陷入了一片恐慌之中。

这种混乱的局面不能长久，必须当机立断。无奈之下，赵汝愚就去求宋高宗的吴皇后垂帘听政，出面代行祭奠礼。工部尚书赵彦逾向赵汝愚提议：根据光宗的手书御批"历事岁久，念欲退闲"，决策内禅，让光宗下台，传位与皇子赵扩。赵汝愚首先想到的就是韩侂胄，因为，要想改朝换代，必须名正言顺，要名正言顺只有请还健在的垂帘听政的太皇太后吴氏出面宣布才是。

韩侂胄是名臣韩琦的曾孙，他的母亲是太皇太后吴氏的亲妹妹，他的妻子又是太皇太后的亲侄女，他就是最亲近的国戚，由他出面到太皇太后面前去说服，会更有效果。第一次韩侂胄出来，传出太皇太后的口谕"要耐烦"，意思要沉得住气。看来，太皇太后并不着急。但是，时不我待，局势一刻也延误不得。赵汝愚又催促韩侂胄再去宫中说明时局的严重性和内禅的重要性。吴氏考虑再三，终于传谕赵汝愚，决策内禅，让光宗皇帝让位与皇子嘉王。

《孟子·万章》篇称：异姓之卿，"君有过则谏，反覆之而不听则去"；同姓之卿，"君有大过则谏，反覆之而不听则易位"。面对这种局面，宰相留正作为异姓之卿，见势不妙，立即逃出临安城去。而身为枢密使的赵汝愚作为同姓之卿，则不能一走了之，只得"易位"，终于在孝宗大丧服除之日，逼宋光宗退位，拥立光宗的儿子嘉王赵扩为帝，这就是史上著名的"绍熙内禅"。

赵汝愚力挽狂澜，拥立宁宗即位，促使政权转危为安，从而得到了宁宗的信任。在宁宗的支持下，赵汝愚得以担任右丞相，执掌朝中的大事，成为宋代历史上唯一的宗室宰相。据说，宋太祖赵匡胤统治时，觉得皇室的后裔们会对皇位产生兴趣和野心，如果再给宰相重权，那么，既有皇家血统的显贵，又有宰相职位的权利，就会构成对皇帝地位的威胁，因此立下一个家法并记载于太庙，规定同姓可封王不拜相。在赵汝愚之前，宋朝还没有出现过同姓为相的先例。照理来说，赵汝愚如果要为自己留条后路，就应该回避此事。但是百废待兴，赵汝愚又是以忠直贤良而闻名的一个人，以振兴天下为己任，就未加思索便走马上任了。殊不知，这为以后想设计陷害赵汝愚的人留下了把柄。

宁宗登基后，出现了短暂的和平状态。但不久后，朝臣之间就开始了新一轮党争。赵汝愚因拥立有功，任枢密使，兼任右相；韩侂胄则任枢密院都承旨。韩侂胄是国戚，是宁宗韩皇后的叔祖。当内禅大功告成后，宁宗要推恩，韩侂胄是很想坐上高位的，但是赵汝愚说："我是宗室之臣，你是外戚之臣，怎可论功求赏？"韩侂胄很失望，怏怏不乐。二人之前关系就不好，在"绍熙内禅"中因利益而临时结成的联盟，由于没有实现利益均分，很快便土崩瓦解了。

赵汝愚执政后的第一件事，就是推荐朱熹为焕章阁侍制兼侍讲，名为宋宁宗讲道学，实则是要与朱熹合力排挤韩侂胄。朱熹到临安后，立即与赵汝愚结为死党，协力对付韩侂胄。韩侂胄因为力主抗金，得到参知政事京镗等主战派官员的支持。韩侂胄、京镗一派与赵汝愚、朱熹一派展开了激烈的明争暗斗。

然而，赵汝愚对韩侂胄并没有给予足够的重视，对于道学派内部的矛盾也没有很好地进行协调，这些因素使得他在党争过程中连连失利。韩侂胄一派最终获胜，京镗随之升任右相，韩侂胄加开府仪同三司，权位重于宰相。而赵汝愚的宗室身份也为奸人所利用，起到了负面作用，引起了宁宗的疑虑。在韩侂胄一党的连续打击之下，朱熹、赵汝愚相继被罢免出朝。而赵汝愚在贬斥途中生病，到达衡州（今湖南衡阳）时为守臣钱鍪窘辱，暴死于他乡。一代忠臣就这样灰飞烟灭，实在是可悲可叹。

赵汝愚对赵氏江山忠心耿耿。在南宋朝廷最危险的时候，他挺身而出，扶危定策，力挽狂澜。最终却是含冤受屈，死于非命。"相逢岁晚两依依，故人冰清我如玉。"这是赵汝愚《金溪寺梅花》中的两句诗，也许正因为这种无愧于天地的道德良心，才使其有这样的气魄。赵汝愚曾说："大丈夫留得汗青一幅纸，始不负此生。"后来，韩侂胄被诛，党禁渐解，赵汝愚被赐谥忠定，赠太师，追封沂国公。理宗诏配享宁宗庙廷，追封福王，又晋封周王。赵汝愚终于实现了"留得汗青一幅纸"的人生抱负，九泉之下，也当瞑目了。

第六章
赵家天下渐进日暮

奸臣当道

秦桧、韩侂胄、史弥远、贾似道作为南宋朝四大当道奸臣，经常被人们提起。秦桧自不用多言，卖国求荣，害死忠臣，是不折不扣的大奸臣。韩侂胄控制宁宗，独掌大权，为所欲为，北伐大业尚未完成就被史弥远杀死，他利欲熏心，害死赵汝愚，逼走朱熹，不管南宋人民死活，出兵伐金，让他落下个奸臣的坏名声。其实，把它列为奸臣似乎有些不妥，说到底，他不好就不好在权力欲太重，太过于自私自利。而史弥远也是利欲熏心，为了一己之私不择手段。韩侂胄毕竟还企图从金兵手里抢回失地，虽然未能成功。要说韩侂胄客观上振奋了人心，提醒宋朝人民不忘国耻，还有些意义，史弥远则真的是一无是处，不过是个纯粹的小人罢了。

1207年，史弥远与杨皇后密谋杀死韩侂胄后，宁宗的依托对象也自然而然地由韩侂胄改为史弥远。第二年，他改年号为嘉定元年（1208年），韩侂胄成了被抨击的对象，宁宗声称要革除韩侂胄的弊政，并命人改写韩侂胄专政时期的国史，妄图将韩侂胄的痕迹抹掉。他还剿灭韩党，为赵汝愚、朱熹等在"庆元党禁"被害的理学派之人平反昭雪，以此来笼络人心。但这一切都是在史弥远的唆使下进行的。史弥远实际上已执掌政权，成功成为韩侂胄的替补，享受着一人之下万人之上的权力。

成功除掉韩侂胄让史、杨两人实现了"双赢"，两人都视对方为最好的合作伙伴，他们得寸进尺，更加狼狈为奸，一内一外操纵着宁宗，哄得宁宗晕头转向，对他们言听计从。没有了韩侂胄这一障碍，史弥远的仕途呈现顺风顺水的绝佳状态，即使途中有些暗礁挡道，他也能成功地避开。嘉定元年（1208年）正月，史弥远升为枢密院知事，到了上半年的时候，他设计除掉了对自己不利的参知政事卫泾，并取而代之，在七月的时候兼任参知政事；而这时还有一个强大的力量使史弥远心有忌惮，那就是右丞相兼枢密使钱象祖。十月，当钱象祖升为左相的同时，史弥远被拜为右相兼枢密使，虽然史弥远也得以高升，宁宗也已像过去信任韩侂胄那样倚信于他，但他头顶上还是有比自己权力更大的钱象祖，要想达到一人专政，还有一步之遥。

谁知，上天也不眷顾他。史弥远拜相仅半个多月，母亲就去世了。按照常例，他必须辞去丞相的职位，回乡为母亲守丧丁忧。这样一来就会出现钱象祖独相的局面。史弥远阴险狡诈，岂会给敌人留下可乘之机。他便先发制人，联合御史中丞章良将钱象祖弹劾排挤出朝。在这次权力角逐中，史弥远先后除掉两个对手，使卫泾、史弥远、钱象祖三足鼎立的政治局面瓦解。如此一来，史弥远便没有了后顾之忧，他在家乡为母亲丁忧守丧完毕后，于次年的五月，起复为右丞相。此时，朝堂上已没有人能与之匹敌，他正式开始了长达20多年的独相专政时代。

一朝小人得势，国将苦不堪言。回看史弥远为夺取权利而实行的种种手段，及时而切中要害，也可窥见他实非等闲之辈。若是史弥远的这些才能用到治国安邦上，南宋王朝的衰颓景象说不定能有所好转。但设想终归是设想，历史不会因此而改变。

史弥远重新走马上任，就燃起"三把火"，拉拢人心。由于他降金乞和，遭到南宋人民的不满，为了树立自己良好的形象，他继续为被韩侂胄谋害的"伪党"理学派人士平反,并起用黄度、楼钥、杨简等著名党人,还重用真德秀、魏了翁等著名理学人士来提高自己的人气。由于任用群贤,朝廷上一时间风气焕然一新。人们似乎看到了转机,认为南宋有了希望。但这一切只是假象,只是史弥远追求权力的阴谋而已。

史弥远独揽相权,致使皇权一蹶不振。他想方设法地巩固自己的权力:将提拔、贬斥、任命官员的权力全都掌握在自己手中,如此一来,若想升官发财,官吏们就必须对史弥远低声下气,还得想尽办法巴结他,讨他的欢心;史弥远还培植了一群鹰犬,结党营私。他尽挑选任用一些便于控制的人执政,这些人对史弥远百依百顺,空有其职,实为摆设。宁宗则被视为空气,万事都由不得他自己做主,其受控制之程度,比韩侂胄时期更甚。

史弥远的专政遭到当时有识之士的攻击,为了阻止别人对自己的恶行说三道四并打击异己,史弥远还操纵台谏,控制舆论,严防上通下达。然而,这个做法虽然表面上控制了人们的言论,实际上大家虽然不敢言于表面却都心知肚明,如此高压的政策只会让人们的不满情绪越涨越高。

韩侂胄被诛不久,宁宗就立皇子赵曮为太子。赵曮当年协助史弥远杀害韩侂胄,杨皇后膝下无子,为自己老后做打算,把赵曮作为亲生儿子般百般疼爱。赵曮被立为太子,正中史弥远和杨皇后下怀。不料,赵曮命薄,被立为太子后不久,就去世了。如此一来,宁宗膝下几子全部夭折,不得不再次考虑太子人选。

1221年六月,宁宗立太祖的十世孙贵和为皇太子,改名赵竑。由于赵竑对史弥远专权以及其与杨皇后的狼狈为奸很反感,一直想要除掉史弥远。但史弥远如此奸诈之人,岂会坐以待毙,他立刻采取行动。史弥远知道赵竑喜欢弹琴,便送上一名擅长琴艺的美人,让她作眼线,时刻向自己报告赵竑的一举一动。赵竑浑然不知,对那位美女宠爱有加,掏心掏肺,还时时当着她的面大骂史弥远,扬言说将来一定要将他发配到边远的海南四州去，但他根本不是史弥远的对手。他在明，史弥远在暗，不知韬光养晦，还处处扬言要除掉史弥远，终于为自己招来了杀身之祸。

史弥远秘密物色人选，准备将赵竑取而代之。他将目光瞄准了另一位太祖的十世孙赵与莒，并派自己的同乡与亲信国子学录郑清之精心培养。他还择机向宁宗提议再为无嗣的沂王立后，趁机推荐赵与莒，宁宗采纳了这一建议，将其改名贵诚。他为赵与莒谋得"名分"之后，还在宫廷内制造舆论散布赵与莒出生时的种种吉兆，为他日后登基称帝铺路垫石。

嘉定十七年（1224年）八月，宋宁宗病重不能处理朝政，史弥远加快了策划宫廷政变的步伐。他勾结郑清之伪造宁宗遗诏，逼杨皇后同意废皇子赵竑。宁宗一驾崩，就扶持贵诚登基称帝，为理宗。废赵竑为济王，赐第湖州，将其监管了起来。之后，他借发生湖州之变之机将赵竑害死。史弥远将理宗一手扶上皇位，理宗念其拥立扶持之功，再加上在朝中也没有根基，为了韬光养晦，他一直任史弥远摆布，看史弥远的脸色行事。由于理宗与史弥远结成一荣俱荣、一损俱损的关系，史弥远也就获取了比宁宗朝更大的独揽政权的资本。史弥远在理宗朝又独掌大权近10年。绍定六年（1233年），史弥远病重，但仍控制着朝政大权，在生命的最后时刻，还不忘提拔史氏家族成员。不久，史弥远撒手人寰。

史弥远独相两朝，专政26年。面对金朝的压迫，他卑躬屈膝，一味求和；而在国内，则嚣张跋扈，一副唯我独尊的模样，是个十足的双面小人。南宋历经韩侂胄与史弥远前后近40年的权臣祸国之患，衰颓之势已成定局。

宋蒙联手，金朝灭亡

金国达到鼎盛时期后，统治者一代不如一代，逐渐开始走向衰落；偏安一隅的南宋则沉醉在天朝上国的美梦当中，不愿面对现实，活在自己的小小世界中，醉生梦死；而北方辽阔的大草原上，一个即将统一全中国的帝国正在崛起，这就是孛儿只斤铁木真建立的蒙古帝国。

蒙古族是典型的游牧民族，居无定所。蒙古人骁勇好战，性格残暴。但是如此凶悍的民族，由于生产力低下，一开始曾先后臣服于较自己强盛发达的辽朝和金朝。但随着自身实力一天天的增长，蒙古逐渐脱离了他国的统治，局面开始反转。

1206年，征战多年的铁木真统一了蒙古草原上七零八落的各个部落，建立了蒙古帝国。这之后，他近乎疯狂地对外扩张侵略的行动从未停止过。西夏、金朝、西辽、花剌子模等多个国家都未逃过蒙古帝国的魔掌，或被灭掉，或奄奄一息。

南宋理宗宝庆二年（1226年），西征七年的铁木真回到了蒙古草原。但西夏背盟，蒙古大将木华黎因此含恨而终，铁木真不顾64岁的高龄，坚持亲征西夏。途中围猎受伤，高烧不起，但他仍不退兵。西夏王被迫举国投降。从此西夏国不复存在。然而征服西夏并没有能够换回铁木真的生命。此年铁木真病故于贺兰山，临终前留下遗嘱：利用宋金世仇，借道宋境，联宋灭金。

虽然铁木真穷尽一生也没能实现他的愿望，但他所留下的蒙古帝国已经囊括了蒙古高原，中国西北、东北和华北的一部分以及中亚、西亚大部分地区。铁木真死后，其子窝阔台继任蒙古大汗，遵照父亲遗嘱，开始了联宋灭金的军事行动。

金国当时所处的地位极为尴尬：北有蒙古铁骑随时会呼啸而下，南有世仇大宋浑水摸鱼；同时，统治区内的汉民也不堪忍受金廷那种有别于汉文化的少数民族统治方式，在金国外困的伤口上，撒了一把又一把内忧的盐。

向蒙古求和，那是痴人说梦。即使是在金人全盛时期，也不及凶悍的蒙古万一；而且，与那些逐渐被汉化的民族不同，蒙古人游牧的心理根深蒂固，他们想要的不是金钱、绢匹，而是广袤的可以驰骋、放牧的土地。换句话说，金国所踞有的辽阔的中原地区，才是蒙古人眼中的肥肉。

联宋抗蒙，金廷倒也考虑过，但宋金是世仇，宋人早把金国恨到了骨子里，金与蒙对战时不在身后放把火就算很够意思了，怎么还能奢望来自南方的援助呢？退一步说，就算是南宋答应了联军的请求，依他们的军力，顶多只会让金国灭亡的时间延迟一些，随之而来的，则是延长了的痛苦。

上天无路，入地无门，金人只能自己硬扛着了。眼见蒙古势力越来越强，而昔日不可一世的金人为避其锋芒，甚至把国都由燕京南迁至汴梁，宋廷心里又重新燃起了恢复中原的希望。

面对急剧变化的局势，宋朝内部就对外政策产生了争议。一些人出于仇视金朝的情绪，主张联蒙灭金，恢复中原；另一部分人则相对理性，援引当年联金灭辽的教训，强调唇亡齿寒的道理，希望以金为藩屏，不能重蹈覆辙。无休止的争论使宋朝在这两种意见之间摇摆不定，既不联金抗蒙，也未联蒙灭金。然而，随着蒙古与金之间战事的推进，金朝败局已定的情况下，宋理宗赵昀最终还是做出了决策。

绍定五年（1232年）十二月，蒙古遣王来到京湖，商议宋蒙合作，夹击金朝。京湖制置使史嵩之上报中央，当朝大臣大多表示赞同，认为此举可以报靖康之仇，只有皇族赵范不同意，主张应借鉴徽宗海上之盟的教训。

一直胸怀中兴大志的理宗把这看作建立盖世功业、留名千古的天赐良机，正好此时史弥远也渐渐走向黄泉路，对理宗的控制微微减弱，理宗为了一展心中抱负，让史嵩之遣使答应了蒙古的要求。蒙古则答应灭金以后，将河南归还给宋朝，但双方并没有就河南的归属达成书面协议，只是口头约定，这为后来留下了巨大的后患。

金哀宗得知宋蒙达成了联合协议，也派使者前来争取南宋的支持，竭力陈述唇齿相依的道理，说："蒙古人已经灭掉了40个国家，其中也包括了西夏。西夏灭亡殃及我国，我国灭亡也必定殃及你们大宋。唇亡齿寒，这道理不需要多说。如果贵国与我国联合，那么则是对你我双方都有利而无弊之事。"言外之意就是支援金朝实际上也是帮助宋朝自己保家卫国。

金朝妄图抓住临死前的最后一根救命稻草，但此举实属多余。宋廷虽然软弱，却也不是傻子，金国已是泥菩萨过江——自身难保，援助到最后，也不过是徒为其当个垫背的；再加上靖康之耻尚未洗雪，百多年来金国也是骚扰不断，再愚笨之人也知道帮助金国是徒劳无功，还会给自己平添危险。金国大限已到，任是神仙下凡，也回天无力了。因此，理宗毫不犹豫地拒绝了金人的请求。

宋蒙同盟结成以后，很快便开始了对金朝的南北夹击。绍定六年（1233年）正月，蒙古军攻克汴梁；四月，宋军出兵，将百余年的仇恨化为一腔上场杀敌的热血，将士们奋勇杀敌，所向披靡。他们先是攻占邓州等地，于马蹬山大破金军武仙所部，接着又攻克唐州，切断了金哀宗逃跑的退路。十月，京湖制置使史嵩之命京湖兵马钤辖孟珙统兵两万，与蒙军联合围攻蔡州。端平元年（1234年）正月，蔡州城被攻破，金哀宗慌忙之中传位于完颜承麟后，自缢于幽兰轩。完颜承麟退到保子城，同一天便死在乱军之中，让大宋王朝屈辱了数百年的仇人金国终于灭亡了。

蔡州城破后，孟珙在废墟中找到金哀宗遗骨，带回临安。大仇已报，南宋人民举国欢庆，沉浸在报仇雪恨的喜悦之中。理宗将金哀宗的遗骨奉于太庙，告慰在"靖康之难"中饱受屈辱的徽、钦二帝在天之灵。

自1127年金朝灭北宋，高宗赵构南迁以来的一个多世纪中，南宋臣民回到故都汴京（河南开封）的愿望就从没有终止过。各朝都不乏能人将士试图将这一愿望付诸实践，但都是无功而返。金朝灭亡后，收复故都的愿望似乎有了实现的可能。理宗面对这个天赐良机，显然不会轻易放弃，这时的南宋在与金朝的对抗中，也损失惨重，不能和强大的蒙古军队相抗衡。但理宗被建立盖世功业的念头冲昏了头脑，即使知道这些，终于还是决定铤而走险，下诏出兵河南。

一场注定是以南宋失败而告终的战争就这样拉开了序幕……

贪心不足，惹火上身

联蒙灭金，对于南宋朝来说，是个弊大于利的选择，而联宋灭金对于蒙古来说，却是绝对的有百利而无一害。蒙古崛起，国力迅速强大，在它看来，消灭金朝是迟早的事情。若是得到宋朝的帮助，那便是如虎添翼，可以加速金朝的灭亡；若是宋金联手，也大可不必担忧，这两个已风雨飘摇的朝廷即使联手，也不会是自己的对手，无非是加大了难度。在南宋朝看来，蒙古的崛起构成了继金朝之后的另一个极大的威胁。金朝一方面是对自己的威胁，另一方面却成了一道天然的屏障。若是与蒙联手，一方面可以报仇雪恨，另一方面屏障消失，也会加快自己与蒙古对峙局面的出现。若是不和蒙古联手，蒙古凭借自己的力量也会轻而易举地将金朝灭掉，与蒙古对峙的局面还是会发生，但世仇不是死在自己手中，难免遗憾。对于已经压迫自己百余年的仇人，手刃他是再好不过的选择了。

更何况，理宗在苦等10年之后终于亲政，对自己的能力颇有信心，雄心勃勃，想要有一番作为。若是手刃仇人之后，再凭借自己的能耐壮大宋朝的国力，到时与蒙古对峙，未尝没有获胜的可能。理宗的信心当然无可厚非，但他没有意识到南宋已黯然无光，而蒙古却如新星闪耀，差距之大已不在他所能弥补的范围之内了。与虎狼联手，无疑是自掘坟墓。

宋朝与蒙古决定联手时，蒙古答应灭金以后，将河南归还给宋朝，但遗憾的是双方并没有就河南的归属达成书面协议，而只是口头约定，宋朝如此没有远见、如此不成熟的政治举动让自己收复故土的愿望最终化为了泡影。

金朝的灭亡，使收复故都的念头在一部分人当中急速升温。理宗决定乘胜追击，将失去的故土一并拿下，收入囊中。由于河南的归属未加以明确规定，金朝灭亡以后，按照事先约定，宋军和蒙军各自撤退。由于蒙古大汗窝阔台考虑到粮草不足，天气转热，遂将军队向北撤离到黄河以北，河南成了无人占领的空白区。此时，蒙古在黄河以南的兵力只有大将速不台和塔察儿两支机动部队，其余的守备部队都是原金兵投降蒙古被改编的汉军：刘福为河南道总管，都元帅张柔屯守徐州。南宋的边疆在荆襄推进到了信阳（今河南信阳）、唐州、邓州一线，主政人是京湖制置使史嵩之（史弥远的侄子）。另外两大地区川蜀、江淮一带也分别有人把守：四川制置使赵彦呐在川蜀一带据守，淮东制置使赵葵在两淮一线据守，全子才为淮西制置使，赵范为沿江制置副使。

金国灭亡后，宋蒙两国都知道为了灭金而临时结成的同盟有一天会瓦解，而他们也会反目成仇，在战场上兵刃相接，但谁都不想率先捅破这层薄薄的窗户纸。宋蒙双方就这样暗中观察着对方的动静，谁也不敢有大的动作，压抑的气氛弥漫着。正是山雨欲来风满楼。

终于理宗首先沉不住气了，空虚的河南对他充满了诱惑，他想来个先发制人，先占先得。而这时在朝堂之上，以赵范、赵葵兄弟为代表的一些人想乘着这大好时机抚定中原，提出据关（潼关）、守河（黄河）、收复三京（西京洛阳、东京开封、南京商丘归德）的建议。这与理宗的想法不谋而合，正中他的下怀。但是大部分的朝臣没有被金朝灭亡的消息冲昏头脑，依旧能够冷静分析局势，认为南宋在联蒙抗金的过程中也损失不小，军民都筋疲力尽，以现在朝廷的力量根本与强大的蒙古无法抗衡，若一旦失手，还会给自己引火上身，此时并不是出兵收复失地的恰当时机，因此对出兵持反对态度。而理宗已经对收复故土达到近乎狂热的程度，哪里还听得进去这些泼自己冷水的建议，他将南宋的实际情况抛于脑后，罢免了反对出师的大臣吴渊、吴潜和史嵩之。其实，原本收复三京，最佳人选便是据守信阳、唐州、邓州一线的京湖制置使史嵩之，他的京湖军离三京最近，进兵方便，补给容易。若是京湖、两淮共同进军，保证供给，不失为一个好的战略。但是朝廷上的意见不一使这一切化为泡影，也为收复故土的失败埋下了伏笔。

南宋卷　偏安南隅，中兴无力崖海沉沦◇

端平元年（1234年）五月，理宗命全子才率一万淮西兵为先锋直趋汴京，命赵葵为主帅，率五万主力军作为后继，命赵范为两淮制置大使，驻军光州、黄州间负责接应，正式下诏出兵河南。因史嵩之认为京湖连年饥荒，无力承担这样的进攻，而河南连年兵祸，要在当地获得补给也不现实，所以始终反对出兵。宋理宗就不起用京湖兵，只用淮西兵，但要求史嵩之负责为淮西军供应粮草。淮西军单枪匹马发起了进攻，一场不成熟、计划不周密的军事行动拉开了序幕。

六月十二日，全子才率领先锋队的一万兵士浩浩荡荡地踏上了征程。他们从庐州（今安徽合肥）出发，向河南进军。当他们踏上中原土地的那一刻，映入眼帘的不是往日繁华的街道、熙熙攘攘的人群，却是一副荒凉破败的景象。昔日驻守在这里的蒙古大军早已撤离，而曾经生活在这里的百姓又大多死于连绵的战火，空空荡荡，毫无生机。由于没有了阻碍，宋军很快就收复了南京归德府。随后他们继续向汴梁进发，驻守汴梁的部分旧金国降蒙将领因不满蒙古的残酷统治，主动向全子才献城投降。就这样，全子才不费吹灰之力便得以进驻汴梁城。此时的汴梁城已繁华不再，宛若一座孤魂野鬼出没的寂寥空城。

收复汴京的消息传回南宋，整个朝野上下几乎都沸腾了，人们奔走相告，喜悦之情溢于言表。大宋帝国，终于在此时一雪二宗被掳、朝廷南迁的耻辱了！宋理宗也沉浸在胜利的喜悦当中，迫不及待地给将士们升官，统帅赵范晋封东京留守，前线总指挥赵葵晋封南京留守，全子才晋封西京留守。

南京、东京二京已被安全收入囊中，此时只剩下西京洛阳，收复三京的大业似乎是唾手可得，宋军意气风发，志在必得。却不知蒙古铁骑已经悄悄地埋伏好，等着宋军自投罗网了。

全子才率军连拿下南京、东京，又获封赏，自是意气风发。但他占领汴梁后，却一直无法展开军事行动。宋军内部的分歧给他造成了极大的不便：史嵩之在运粮事宜上加以拒绝，军粮不得不从两淮千里迢迢地转运，而屋漏偏逢连夜雨，两淮的运粮队又陷入黄河泥潭，后方粮草供给不足，士兵们大多处于饥一顿饱一顿的不稳定状态，体力逐渐不支。如此一来全子才无法继续进军，贻误了战机。然而使局面更糟糕的事情发生了：半个月后，赵葵到了汴京后，不考虑宋军正遭遇的问题，就不分青红皂白地指责全子才没有继续西进攻取洛阳。他一心想着要建功立业，不顾及后果如何，便兵分两路，在粮饷不继的情况下率领一部分军队继续向洛阳进军，其余的留守汴京。

即便是从外行人看来，此举也实在是毫无战略性可言。本来将士们就因为粮食不足，导致体力下降，而兵分两路又使得兵力分散，凝聚力、战斗力都直线下降，主动给蒙古军队创造了有利条件。结果可想而知，宋军一到达西京洛阳就被潜伏在此、守株待兔的蒙军打了个落花流水，狼狈撤回。由于赵葵的心浮气躁，宋军完全丧失了在收复西京上的主动权，大势已过，宋军狼狈南撤。牵一发而动全身，西京战争的失败给其他地区造成了极坏的影响，宋军士气一落千丈，全线败退。已到手的三京再一次落到了别人的手中，理宗收复故土的希望又一次化为了泡影。

宋军此次共出动六万将士，结果是数万精兵死于战火，丧失近半、而寸土未得。投入的大量物资付诸流水，原本已积贫积弱的南宋受到严重的削弱，国力一蹶不振。"端平入洛"使南宋损失惨重，赔了夫人又折兵。更糟糕的是，"端平入洛"成了宋蒙战争的导火索，它使蒙古找到了进攻南宋的借口，蒙古由此开始了长达半个世纪的攻宋战争，加速了宋朝的灭亡。

襄阳樊城一决雌雄

"无襄则无淮，无淮则江南唾手可下也。"古人的一句话道出了襄樊的重要地理位置。襄阳、樊城地处南阳盆地南端，居汉水上流，三面环水，一面傍山，西临关陕，东达江淮，跨连荆豫，是控扼南北之要冲。南宋视其为朝廷根本，关系国家存亡的重地，遂开府筑城，储粮屯军，经多年经营，建成了城高池深、兵精粮足的军事重镇。

襄樊处于如此重要位置，自古以来是兵家必争之地。早在三国时代，就曾发生过襄樊之战。而在千年以后，宋元之间也在襄樊展开了一次血战。

蒙古自崛起后，便不断对外侵略扩张，先后灭掉十国，最后将目光锁定在偏安江南一隅的南宋身上。自理宗时期，蒙古与南宋之间便展开长期的斗争。蒙古人在多次与南宋军的较量中得知：南宋陆军不足为惧，关键是与宋军相比，自己的水上实力逊色太多。蒙古人自古以来祖辈生长在辽阔的草原上，没有机会从事水上作业；就算是远征欧亚大陆的过程中，也没有遇到河流的阻碍，快马加鞭，便可长驱直入，用不上战舰。若想征服南宋却没那么容易了。南宋之所以能够以孱弱的军力而抗衡金国，关键在于长江天险。金军的多次南侵计划，都因为长江的阻隔和自身水师的实力不济而搁浅。而窝阔台和蒙哥的南侵之战，也陷入了这一泥沼，多次因为水战不利而不得不避开长江，迂回攻击，从而延误了战机。蒙古若想完成真正的大一统，就必须征服这道前人没有逾越的天堑。

南宋那边更是如火烧眉毛。蒙哥因为长江难渡，采取迂回战术，绕道云南，攻灭大理，等于让南宋腹背受敌。一旦蒙古南北两线同时发动进攻，那么大宋朝将岌岌可危。

不过南宋还有个优势，那就是水战。依照双方水师力量的对比，宋军有能力将蒙军阻隔在长江以北。至于云南那边，由于蒙军的驻军较少，加上刚刚攻取，形势未定，应该不足为患。因此，眼下的当务之急应该是大力休整水师。

右丞相文天祥上书称，保疆的上策在于造舟船，兴水师。朝廷也有此意，便加强了水军的力量。意图很明显，要发挥自己擅长的水上作战能力来与马背上的蒙古民族相抗衡。

但这一企图并没有逃过忽必烈的算计。金国、窝阔台和蒙哥的失败已经给了忽必烈足够的教训。在他的倡议下，蒙古人开始大造舟船，加强水师。南宋降将汉军都元帅刘整与蒙古都元帅阿术商议说："我们的精兵铁骑战无不胜,攻无不克。但是唯独水战不如宋军。如果我们可以将宋军的水上作战本事学到手,制造战舰,训练水兵,把他们的优势变为自己的优势,那就没有什么可担忧的了。"阿术听了之后,觉得言之有理,就于南宋度宗咸淳六年(1270年)与刘整联合上奏说:"要想围守襄阳,当务之急是训练水兵、制造战舰,才有可能在与宋军的水战中取得胜利。"

此言正中蒙古大汗忽必烈的下怀,于是就将这个重大的任务交予阿术和刘整全权负责。阿术与刘整接旨后,造得战船5000艘,并练出7万名强劲的水兵,改变了水军积弱的历史。

忽必烈认真总结窝阔台、蒙哥等人在攻宋过程中的策略,取其精华,去其糟粕,并结合自己在与宋军交战中的实战经验,制订了一个周密的灭宋计划:首先将长江上的军事重镇襄樊两地拿下、然后顺流直下,沿着汉水到达主流长江,然后再长驱直入直逼临安。只要将长江的"重要门户"襄樊收入囊中,其他的就可以很容易地攻下。这个计划抓住了重点,一气呵成,可见忽必烈老谋深算,战术之精明。

南宋自然知道襄樊在军事上无可替代的重要性,因此也下足了力气来营建襄樊,在此招兵买马,筑城囤粮,为随时可能发生的战争做准备。经过多年的经营,襄樊已成为南宋颇为高级的、城坚池深的战略重地。作为军事重镇,襄樊的作用逐渐得以显现,为宋朝多次或多或少的抵挡了外敌的入侵。

经过五年紧锣密鼓的作战准备,再加上完美的作战策略,忽必烈对于灭掉宋朝可谓信心满满。

南宋咸淳三年,也就是元朝至元四年(1267年),长达6年之久的襄樊战役正式拉开了序幕:蒙古大将阿术作为襄阳之战的总指挥打响了这场持久战的第一炮。他率领一支精锐部队进攻襄阳的安阳滩,在这里设好埋伏,出其不意地歼灭了宋军万余人。吕文焕奋起抵抗,虽然损失惨重但最终在安阳滩击败了阿术。阿术在积极训练水兵、制造战舰、增强蒙军水上实力的同时,还针对宋军长于守城隘和水战的情况采取了一系列的应对措施：他率人在襄阳外围修筑了鹿门、白河口等城堡，以此来阻断宋军的水陆联系，襄阳被长期围困。咸淳四年（1268年）十一月，为打破蒙军的包围，吕文焕命襄阳守军进攻蒙军，但被强悍的蒙古军队打败，宋军伤亡惨重，反包围战以失败告终。

襄阳孤城无援，宋军自然不能坐视不管。在朝廷的命令下，宋将张贵、张顺等先后率大军前去增援襄樊，但是碍于蒙军防守、包围都太过严密，因而一次次被挫败，无功而返。困守襄樊的宋军一次次地从希望的最高峰跌到失望的谷底，援军被阻，他们妄图自救，也多次发动反包围战斗，但是由于长期被围，城内储粮、兵器等都不足，将士们不仅体力下降，士气也很低沉，反包围战也都以失败告终。阿术又通过虎尾洲之战、湍滩之战、柜门关之战等一系列战争重创南宋军队，逐一拿下襄樊周边的州郡，使得襄樊彻底陷入孤立的状态。

而与南宋的颓势大大相反，此时，元朝的皇帝忽必烈雄心勃勃，加紧对襄、樊的攻势。蒙军制定了水陆夹击、先破樊城、再一举拿下襄阳的策略。至元九年（1343年），阿术率军进攻樊城，这年的十二月，樊城陷落，襄樊两城之间用来相互联系的浮桥被破坏，两城最后的一丝联系也被切断，襄阳陷于既无力自守，又无外援支持的悲惨境地。不久吕文焕在巨炮威胁下再也无力支撑，无奈举城降元，襄阳也最终陷落。至此，襄樊之战以宋朝的惨败而宣告结束。

襄阳、樊诚的陷落，就好比大坝被毁，洪水一泻而下，南宋没了这一军事重镇的保护，把自己暴露于元军的进攻下，无处躲藏。南宋的劣势更加明显，败局已定。这之后，元军一鼓作气，顺势而下，一路过关斩将，最终攻入都城临安，灭掉了南宋，大获全胜。

第七章

风雨宋王朝走向了末路

元世祖改制

恩格斯曾经在他的著作《反杜林论》中写道:"比较野蛮的征服者,在绝大多数情况下,都不得不适应征服后存在的比较高的'经济情况';他们为被征服者所同化,而且大部分甚至不得不采用被征服者的语言。"

这段话精彩地描述了不同社会制度、生产方式遭遇到一起时的状况。

蒙哥死后,忽必烈同弟弟阿里不哥就汗位展开了激烈的争夺战。1260年,忽必烈先发制人,抢在弟弟阿里不哥前面在开平称汗,始建年号中统。之后的5年时间里,他同阿里不哥龙争虎斗,最后以忽必烈的胜利而告终。后来他迁都燕京(今北京),改名大都。1271年,忽必烈正式登基称皇帝,改国号元,是为元世祖。

忽必烈逐步巩固对北方的统治后,就集中火力攻打南宋。终于在1276年攻入南宋的都城临安,南宋灭亡。之后,他又派兵在崖山之战中将南宋的流亡小朝廷一举歼灭,这样一来,南宋真正的烟消云散了。

1279年,忽必烈实现了中国的南北大一统。

然而,现在已南北大一统的元朝空有辽阔的疆域,放眼望去却是满目疮痍。长期的战乱极大地破坏了经济的发展,人口伤亡严重,数量、质量上都严重下降。由于蒙古族的游牧民族本性,他们只知掠夺,却不事生产，生产力极其低下。随着蒙古汗国在军事上的扩张，蒙古贵族把游牧地区的旧俗未作任何修改，就这样原封不动地带到中原地区，对中原先进的农耕经济造成了不可估计的破坏。而且，在征战中，蒙军每到一处，就会实行残酷的屠杀政策，尸骨遍野，满目荒凉。不仅造成被征服地区的经济遭受巨大损失，也使当地的文化、人才遭到了巨大的流失，给中原地区带来了巨大的灾难。

忽必烈已经打下如此辽阔的江山，下一步需要做的就是要进行修复、建设了。元朝境内百废待兴，这注定是一个浩大而艰巨的工程。

蒙古现有的统治机构落后、效率低下，要采用旧法进行建设，无疑是新车配旧轮，是跑不起来的。而且蒙古族原有的游牧生产方式不适合中原的经济发展，显得格格不入。

忽必烈认识到中原文明的先进，要想使元朝像轻轨列车般飞奔，改革是势在必行的。在汉族地主官僚的鼓动下，他决心吸取中原地区的先进社会制度和生产方式。遂在政治、经济等方面实行了大刀阔斧的改革。

蒙古原有的政治统治机构落后不堪，与疆域的辽阔形成巨大反差，忽必烈决定按照中原王朝体制的框架来构建新的政权结构。在政治方面，他在中央设置中书省、枢密院、御史台三大系统，设置宣政院。其中，中书省行使宰相职权，下设吏、户、礼、兵、刑、工六部，是最高的行政机关；枢密院则总领全国军事；御史台负责纠察百官；宣政院管理全国宗教事务和西藏地区。在地方，设行中书省，总隶于中书省，加强对地方的统辖；山东、山西、河北及内蒙古部分地区，则由中书省直辖，称为"腹立"，即内地的意思。在澎湖设巡检司，管辖澎湖、琉球（中国台湾）地区，隶属于福建泉州路同安县（今厦门）。设通政院，主管驿站事务；建立驿站制度，负责传递公文和管理交通。在各地实行"兵农分治"的制度，避免地方长官集军、民之权于一身；"罢世侯，置牧守"，废除军阀兵权的世袭制。吸收金朝民族分治政策，创设"四等人制"，将各族人民划分为蒙古、色目、汉人和南人4个等级。蒙古族在各等人中名列第一等,是元朝的"国姓"。色目人继蒙古人之后名列第二等,主要指西域人,如钦察、唐兀、畏兀儿、回族等。汉人为第三等,指淮河以北原金朝境内的汉、契丹、女真等族以及较早被蒙古征服的云南(大理)人,东北的高丽人也是汉人。南人也叫蛮人,为第四等,指最后被元朝征服的原南宋境内各族。这种以蒙古人为国之根本、色目和汉人互相牵制的政策为维持大一统发挥了作用,对民族融合也有一定的作用,但也为之后民族矛盾爆发埋下了隐患。

忽必烈推行的这一系列政治改革,加强了中央集权,巩固了封建国家的统治;加强了对边远地区的开发管理,实现了更大范围的大一统局面;在一定程度上促进了民族间的交流,促进了多民族国家的发展。

在经济方面,他一改蒙古原有的游牧方式,制定"农桑立国"的国策方针。北方耕地因连绵半个世纪的战争而遭受了严重破坏,处于凋敝状态。忽必烈制定一系列政策,促进土地的恢复。他严禁蒙古贵族强占民田或是废耕田为牧场。把黄河南北的荒田分给蒙古军耕种,组织军民在边疆屯田。他这一保护农田、实行屯田的政策极大地保护了中原农耕经济。接着,他又建立了指导农业生产的行政机构,包括劝农司、大司农司等,专管全国农桑水利。他任命8位劝农官员开展支持农业经济的计划。劝农司的官员挑选了一批精通农业的人员帮助农民耕作土地,极大地促进了农业生产并使土地得到了有效利用。

忽必烈还完善农业法规,规定劝课农桑赏罚之法,把管理农事、农桑兴废作为考核、察举赏罚地方官吏的重要指标。他重视技术指导,命人编成《农桑概要》,推广先进的科学技术。

忽必烈的农业措施极大地恢复了生产力,但是毕竟中原土地遭受破坏太大,一时间还无法完全恢复原状。为了备荒,他恢复了国家控粮的政策。他命人建设粮仓,在丰年,国家收购余粮,贮藏于国仓,以应对荒年粮食短缺。忽必烈的都城到最后一共建有58个这样的粮仓,可以储存145000石粮食。他要求建立"慈善粮仓"(义仓),在灾荒年粮食歉收、谷价上涨时开仓免费分发谷物，救济饥民，为鳏寡孤独者提供粮食。

忽必烈的种种政策治愈了一个世纪之久的战争创伤，显示了他的经世之才。他明白，欲统治中国，不能只靠蒙古本族的力量，还必须大力地任用深明治国之道的汉人幕僚和官员，但又不能完全依靠汉人幕僚施政。宋朝灭亡后，他不仅保留了宋朝的机构和全部行政官员，而且尽一切努力得到了当时任职官员们的个人的效忠。忽必烈在多年的不断尝试中，在中原的农耕、定居文明和蒙古原有文化特色文明中找到了一个支点，维持了两种不同文明间微妙的平衡。

通过忽必烈的努力，元朝成为一个不仅疆域辽阔，而且能够兼容各种民族力量，经济文化都得到较大发展、交流的大国，为以后的发展奠定了基础。

南宋流亡小朝廷

一个王朝结束的背后，总是有深层原因的。或帝王昏庸无道，暴虐成性，百姓苦不堪言，遂奋起反抗，自己结束这个荒谬的年代；或受到比自己更强大的民族或国家的攻击，成者为王败者寇，失败了，就自然地土崩瓦解，灰飞烟灭。然而，后一种王朝结束的情况下，出于种种原因，或是爱国心，或是不愿接受外来人的统治，旧朝的遗民们中总有人迟迟不肯承认新势力的上台，奋起反抗。

在新朝代建立若干年或几十年后仍然有人试图延续或复辟原来的朝代，最终的结果无一例外以失败告终，历史的车轮永远向前不止，不会因为人们作出的这些努力而停下脚步。事实证明了延续或复辟旧时代是逆历史潮流而动的行为。有些愚蠢，也有些勇气可嘉。而南宋遗民们抗元复宋的努力也在中国历史上谱下了一篇悲壮的、可歌可泣的华丽乐章。

德祐元年年末，蒙古铁骑已兵临临安城下，败局已定。谢太后有好生之德，为了保证临安城内老百姓免遭元军的残忍屠城，德祐二年

（1276年）正月主动向元军请降。二月，元军攻进临安，在城内举行了受降仪式，恭帝被逼退位。谢太后为了保住赵宋王朝 室的血脉，在元军进入临安以前，急中生智，封恭帝的哥哥赵昰为益王，判福州、福建安抚大使；赵昺为广王、判泉州兼判南外宗正，并千叮咛万嘱咐命人好好保护二王逃出了临安。三月，恭帝等一行数千人被押往大都，而自己的兄弟们一行人也在拼命的逃亡之中。一个北上，一个南下。自此，分道扬镳，永无再见之日。

赵昰一行人在海上一路漂泊，躲过元军的层层围堵，终于到达了温州。当时不敢同元军大将伯颜当面谈判、落荒而逃的陈宜中躲藏于此，陆秀夫派人把他找了出来，而张世杰也率兵从定海前来会合。一时间，队伍有所扩大，人心也稍稍安定下来。温州有座江心寺，南宋初年高宗南逃的时候曾到过这里，它的御座此时还保存完好，众人触景生情，想到自己也在经历当年高宗皇帝所经历的苦难，不禁感慨，于座下抱头大哭。众人拥戴益王赵昰为天下兵马都元帅，广王赵昺为副元帅，以二王为旗帜进行抗元斗争。

在温州建立都元帅府后，众人知道温州离临安城太近，元军不久就会追到这里，就决定起身前往远离元军威胁的福建。又经过了一番海上颠簸，赵昰一行人到达福州。五月一日，赵昰在福州即位，是为端宗，改元景炎。他的母亲杨淑妃被册封为太后，垂帘听政，赵昺（俞修容所生）晋封为卫王。陈宜中被任命为左丞相兼枢密使、都督诸路军马，陈文龙、刘黻为参知政事，张世杰为枢密副使，陆秀夫为签书枢密院事，苏刘义主管殿前司。

然而，小朝廷刚刚建立，还极其脆弱。在面临元军一刻不停追杀的时候，内部人员却各怀鬼胎，开始了争权夺利的斗争，如此一来，原本已非常羸弱的小朝廷显得更加不堪一击了。

其实，小朝廷建立的时候所任命的官员们除了极个别人，都是些奸诈的鼠类。母凭子贵，赵昰成为端宗后，杨淑妃亦随之成了太后，虽说垂帘听政，但实际由她的弟弟杨亮节居中掌权。秀王赵与檡以赵氏宗亲的身份对杨亮节的所作所为多次谏止，不料却遭到了杨亮节的忌恨。杨亮节就起了歹心，想将赵与檡驱逐出去。小朝廷中的一部分官员们为赵与檡打抱不平，说秀王忠孝两全，应该留下来辅佐朝廷，这又狠狠地刺中了杨亮节的痛处。只要赵与檡还在自己身边，就会是对自己掌权很大的威胁，杨亮节担忧不已，更加下定决心要把赵与檡这根眼中钉、肉中刺拔掉。不久，他便使计将赵与檡派往了浙东。赵与檡到了浙东后奋勇抗击元军，后来在处州被元军俘去，英勇不屈而死。

然而，小朝廷内部的斗争到这还没有消停。宰相陈宜中与陆秀夫不和，就指使言官将其弹劾出朝廷。陈宜中的这种窝里斗的行为，引起了众人的普遍不满，陈宜中只能不了了之，无奈之下，将陆秀夫召回。陈宜中胆小怕事，遇事不好就溜之大吉，是个自私自利的小人。小朝廷不吸取前车之鉴，竟然再次重用他为宰相，实在给自己留下了祸根。对于一个朝廷来说，用错人无异于慢性自杀。

虽然南宋已经投降元朝，但是还有许多地区依然掌握在宋室遗民的手中。元军只顾着追杀赵㬎等一行人，消灭反抗势力，还来不及将大片大片的宋朝土地收于自己的囊中。福建、两广的大片土地仍处在流亡小朝廷的控制之下。曾拒绝向元军大将伯颜投降的李庭芝一直坚守在淮东、淮西地区，同元军进行着拉锯战，双方相持不下。但是，由于僵持时间过长，宋军有些吃不消，再加上后援不足，不久在元军的进攻下，淮东、淮西等地相继失陷，南宋名将李庭芝英勇战死。

元军沿着赵㬎的行踪一路南下，到了景炎元年（1276年）十一月，元军逼近流亡小朝廷所在的福州，试图消灭这支残余势力。此时小朝廷还有正规军17万人、民兵30万人、淮兵万人，拥有的兵力远比元军要多，若是勇敢的放手一搏，完全可以与元军一较高下。

但是，小朝廷的朝政掌握在陈宜中和张世杰手里，陈宜中胆小懦弱，不敢与元军正面交锋，这自不必多言。可是张世杰也没有独当一面的魄力，竟然说"惟务远遁"，在这两位实权者的主张之下，还未在福州站稳脚跟的流亡小朝廷又开始了流亡。

十一月十五日，陈宜中、张世杰护送着端宗赵昰、卫王赵昺及杨太妃乘一艘海船逃跑，谁知刚刚入海，就遭遇了元朝水军的围堵。幸好当时天气不好，海上大雾弥漫，赵昰一行人才侥幸得以脱身，捡回一条命。离开了根据地福州之后，小朝廷只能建立海上行朝，四处流亡。

赵昰一行人在海上一路颠簸，辗转泉州、潮州、惠州等地，于景炎三年（1278年）春，来到雷州附近的冈洲。在逃亡的途中，宰相陈宜中借口联络占城，又一次溜之大吉，再次充当了可耻的逃兵。虽然陈宜中没有什么贡献，但是对于这个脆弱的小朝廷，对于年幼的端宗来说，无疑是个精神上的支撑。他的逃跑让端宗等人失望至极。然而灾难并没有因此而停止。端宗赵昰一行人继续逃亡，不料途中遭遇了强大的飓风。大海神秘莫测，有时风平浪静，有时汹涌澎湃，让人琢磨不透。而端宗年幼，还是个什么都不懂的小孩，面对如此强大而又恐怖的自然力量，他吓破了胆，竟然惊恐成疾，不久就死于冈洲，结束了他仅10岁的短暂生命历程。

很快，陆秀夫带领众臣拥立年仅7岁的赵昺为帝，由杨太后垂帘听政，改元祥兴。如此一来，在陆秀夫的力挽狂澜下，小朝廷得以苟延残喘。但正当百般欣喜的宋朝遗民重拾勇气、誓死复兴大宋朝的时候，殊不知灾祸即将降临。此时远在大都的忽必烈得知赵昺在雷州称帝，心烦气躁，担忧不已，发誓要将他们斩草除根，以绝后患。他立即命令手下大将张弘范火速前去围剿。浩浩荡荡的元军来势汹汹，很快便把小朝廷置于三面包围之下，接着元军发起猛烈攻击，雷州失守，小朝廷危在旦夕。

雷州有着很重要的战略位置，张世杰想将雷州夺回，进行了多次尝试，但无奈实力相差悬殊，每次都以失败告终。看夺回雷州无望，小朝廷当机立断，迅速将政权迁到崖山，并在此竭尽全力召集军队，为即将来临的大战作准备。

张弘范依然紧追不舍，率大军来到崖山。在这里，南宋流亡小朝廷和元军之间即将展开一次、也是最后一次的血战……